箱庭療法と心の変容

イメージと関係性の視点から

千葉友里香
Chiba Yurika

創元社

まえがき
千葉友里香さんの船出に寄せて

　箱庭療法を日本に導入した河合隼雄は、スイスでこの技法に出会い、日本人の心性を表現するのに適していると直観したという。最近、このことが身体に染み入るように感じられてくる。こころも身体も含み込んだ存在全体としての在りようを「いのち」と表現すると、いのちは箱庭という表現を求めている。そう感じるのである。そして、まさに本書は、コスモロジーとしての箱庭の在りようを伝えようとしている。

　西洋近代がもたらした自然科学的世界観は、ひとのいのちのみならず、自然のいのちにまでも、深く、消えることのない痕跡を残していった。それはいまも続く。ひと言で表現すると、いのちは引き裂かれた。そう実感させられる。臨床家は、その声を、多くのひとの語りのなかに聴く。語りを聴き、そして引き裂かれたいのちが調和を快復していくプロセスをともにしようとする。分節化して対象を理解する世界観の前では、いのちもまた分節化を免れ得ない。それを悲観的に受けとめるのはやめよう。そうした事態があるからこそ、いのちに新たな希求がもたらされるのだとこころに留めよう。

　いまの時代に溢れているのは、その世界観とは異なるいのちの在りようを希求する切実な声である。医療・福祉・教育など、ひととの関わり合いの多くの場で、臨床家はその声を聴く。思うのだが、河合隼雄は、西洋に身を置きその地の空気を嗅ぐなかで、箱庭に出会い、こうしたいのちの希求のかすかな声をたしかに聴いたのではないだろうか。

　近代化した世界のなかでは、珠玉の声はかすかにしか囁かない。滑らかにおおらかには叫ばない。そして、箱庭をとおして、臨床家は作り手の珠玉の声を掬い取ろうとする。本書には、その声を聴こうとする若き臨床家、千葉友里香の在りようが見て取れる。ときに謙虚に、ときに明晰に、そしてときにもがきながら、箱庭と向き合う姿をそこに見て取ることができる。そのまなざしは、

箱庭にいのちを吹き込もうとする作り手の在りように、箱庭と作り手との関係に、揺れることなく一心に、そしてしなやかさをもって向けられている。

　かつて、この若き臨床家のまなざしが硬直的だったときがあった。箱庭療法にとって、そして心理療法にとって不可欠なイメージの働きを訓練として体験していたときのこと、「先生、このことに何の意味があるのですか」と尋ねてきた。そのあまりに真摯で直截的な視線をかすかな疼きとともに受けとめつつ、その将来を強く確信したときだった。いずれ、体験を自身の臨床に創造的に活かしていくと、たしかに思った。臨床家になっていく道は険しく、妥協を許さない。若き臨床家がその道を歩み始めたころのできごとであった。

　それから、10年近くが経った。その間、歩みをともにした者として記しておきたいことがある。確かめたことではない。しかし、少なくとも本書を読むかぎり間違いのないことである。いま、この若き臨床家の硬直的なまなざしは、語り手のいのちの声を聴くなかで、人間の不思議に出会い、不条理に出会い、身もだえするようにもがき苦しみながら、しなやかになっていった。ひとりの臨床家が船出をしようとしている。その船出のとき、ここまでの道をともにした者として、語ってくださったすべての語り手に、深甚なる感謝の想いを伝えたい気持ちに溢れている。このことを記しておこう。そして、その体験は本書に生き生きとしている。臨床の体験が研究と見事に架橋されているのである。

　近年、箱庭は研究の対象として盛んに用いられるようになっているが、心理療法としてはどうであろうか。箱庭療法は、箱庭が作られていく場をともにする臨床家の在りようによって、さまざまな色合いを見せる。臨床家がその場にどのように在るのか。正解はない。しかし、箱庭療法はたしかに作り手のいのちの声を表現する。本書では、箱庭はけっして研究の対象として扱われてはいない。それは、「序章」の冒頭に触れただけで充分に分かる。そこからは、箱庭が作り手に何をもたらすのかを知ることができる。作り手の語りは、それは自然の音、いのちの鼓動であると伝えている。音のない世界の表現にいのちが吹き込まれている。箱庭の表現から音が聞こえる。声が聞こえる。表現が生きているのである。このような作り手の語りは、何気ないものと読み流されそうであるが、この語りを生んだのは見守り手の存在であることを忘れてはならない。この若き臨床家は、たとえ研究の場であっても臨床家として在ろうとする

姿勢を崩していない。それは、コスモロジーとしての箱庭ではないかと思うのである。禅語に次のことばがある。

　　　　　古松談般若　　幽鳥弄眞如

　苔むした古い松は釈迦のことばを語り、姿の見えない鳥の声はこの世の真実を語っているといった意味である。調和。そこにはあらゆるものがそれとして在り、全体としてひとつの世界が息づいている。ひとよりもはるかに長いいのちのときを刻んできた松は、風のそよぎでそれとわかる世界に在り、樹木のなかで姿を見せない、対象としては見ることのできない鳥の囁きは、この世界がそうであることを伝える。道（Tao）の世界観である。箱庭はこのような世界を体験するひとつのツールとして、心理療法の世界に在る。そのことを本書は研究という俎上で必死に伝えようとしている。

　1965年、箱庭療法が河合隼雄によって日本に導入された。その際の直観は、rain makerの在りようそのものであった。ユングや河合隼雄が臨床家の理想像としたrain maker。半世紀以上を経て、若きrain makerがいま、本書とともに船出をした。航路がたとえ波高くとも、しなやかなまなざしで惑うことなく、箱庭の羅針盤を手に、進まれんことを願いたい。

　最後になったが、この「まえがき」は著者の依頼に応じて書き下ろしたものであり、本書最終の「あとがき」に対応するスタイルとした。したがって、「まえがき」は序文ではなく、著者と箱庭との臨床的関係を、わたしの臨床観のなかで語ることになった。

　　　　　　　　　　　　　　　　　　　　　京都大学教授　皆藤　章

目次

まえがき …………………………………………………………………… 3

序章 箱庭療法との出会いから
──本書にて扱うテーマと本書の構成 13

1. 箱庭療法と作り手の心の動き ……………………………………… 13
2. 本書の目的と構成 …………………………………………………… 14

第1章 箱庭療法における作り手の心理的変容の機序
──我が国における箱庭研究の概観と展望より 17

1. 我が国における箱庭研究の概観 …………………………………… 17
   ❶ 臨床事例研究　18
   ❷ 見守り手に関する研究　20
   ❸ 箱庭の言語化に関する研究　21
   ❹ 箱庭用具や治療空間に関する研究　22
   ❺ 作り手の心の動きや主観的体験に関する研究　23
2. 作り手の心理的変容の検討に必要な点 …………………………… 28
   ❶ 箱庭における力動性　28
   ❷ 箱庭における時間性　29
   ❸ 箱庭における対自性　30
3. 本書における研究の視点 …………………………………………… 31

第2章 制作後に箱庭を言葉にすることにおける
作り手のイメージ変容の体験 35

1. 箱庭療法と言葉 ……………………………………………………… 35
2.「箱庭を言葉にすること」について ………………………………… 37

3. イメージ変容の体験を表現してもらう方法 ………………………… 38
4. 調査研究の方法 ……………………………………………………… 39
5. 結果と考察――イメージ変容についての体験型の分類と
　　　　　　　　SD法評定値との関連 ……………………………… 41
6. 結果と考察――箱庭を言葉にしている際の体験 ………………… 47
7. 結果と考察――調査事例の検討 …………………………………… 49
8. 総合考察 ……………………………………………………………… 59

第3章　心理臨床におけるイメージとイメージを体験する主体との関係性　62

1. はじめに ……………………………………………………………… 62
2. 自律性のあるものとしてのイメージ ……………………………… 65
3. イメージに対する主体の在り方 …………………………………… 67
4. 主体の身体感覚 ……………………………………………………… 69
5. イメージと現実 ……………………………………………………… 71
6. イメージを内在化すること ………………………………………… 73
7. 臨床事例 ……………………………………………………………… 74
　❶ 事例の提示　75
　❷ イメージとそれを体験する主体との関係性の視点から　79
8. セラピストの存在 …………………………………………………… 82
9. おわりに ……………………………………………………………… 83

第4章　箱庭と作り手との関係性の特徴
　　　　──箱庭における三次元性に着目して　86

1. はじめに ……………………………………………………………… 86
2. 箱庭の三次元性 ……………………………………………………… 87
　❶ 箱庭における身体感覚　87
　❷ 箱庭における境界の体験　88

3. 箱庭と作り手との関係性の特徴
　　　　——ここまでの理論的考察を踏まえて ……………………… 90

　　4. おわりに ……………………………………………………………… 94

第5章　箱庭と作り手との関係性を表現するための方法
　　　——関係性を非言語的に表現すること　96

　　1. はじめに ……………………………………………………………… 96
　　2. 関係性を非言語的に表現すること ………………………………… 96
　　3. 家族の関係性 ………………………………………………………… 98
　　　❶ FAST　98
　　　❷ FIT　100
　　　❸ 家族箱庭　103
　　4. 母子の関係性 ………………………………………………………… 104
　　5.「本当の自分」と「本当の自分ではないような自分」との関係性 …… 106
　　6. 総合考察 ……………………………………………………………… 109
　　　❶ 先行研究を通して　109
　　　❷ 箱庭と作り手との関係性を表現するための非言語的方法　110
　　7. おわりに ……………………………………………………………… 112

第6章　箱庭制作後における箱庭と作り手との関係性
　　　——関係性図の分析から　115

　　1. 箱庭と作り手との関係性 …………………………………………… 115
　　2. 本調査研究での「箱庭制作後」について ………………………… 116
　　3. 関係性の変化を捉えるための方法 ………………………………… 118
　　4. 本章における分析の視点 …………………………………………… 119
　　5. 調査研究の方法 ……………………………………………………… 120
　　6. 調査結果の整理 ……………………………………………………… 123
　　7. 考察 …………………………………………………………………… 124

❶箱庭型と人型それぞれの大きさ　124
　　❷箱庭型と人型の距離　126
　　❸箱庭型と人型の位置　128
　　❹箱庭型と人型の重なり　134
　　❺箱庭型と人型の向き・傾き　138
　8. 総合考察──本章において示された
　　　「箱庭と作り手との関係性」……………………………………141

第7章　箱庭制作後における箱庭と作り手との関係性の変化
　　　　──体験群の意味と量的分析の視点から　145
　1. 箱庭療法における作り手の心理的変容に関する研究 ………145
　2. 箱庭制作後における箱庭と作り手との関係性………………146
　3. 本章における「箱庭制作後」とは …………………………148
　4. 本章の目的 ………………………………………………………149
　5. 結果と考察──関係性変化の群とその意味…………………149
　　❶箱庭を味わうことによる変化　149
　　❷面接から1週間後の面接までの変化　154
　6. 結果と考察──数量的データからみた各群の特徴…………161
　7. 総合考察──各群の特徴からみる箱庭と作り手との関係性……167

第8章　箱庭制作後における箱庭と作り手との関係性の変化
　　　　──作り手の変容に関する調査事例の検討　170
　1. 制作直後から1週間後までの全体的変化……………………170
　2. 調査事例の検討 ………………………………………………176
　3. 総合考察──4名の調査事例より……………………………195

終章　箱庭療法における作り手の心理的変容
──イメージと関係性の視点から　198

1. 個に寄り添うものとしての箱庭 …………………………… 198
2. 箱庭療法における「心の層」 ……………………………… 200
3. 力動性，時間性，対自性から捉えた今後の課題 ………… 203
4. 箱庭と作り手との関係性における見守り手の存在 ……… 205
5. 心理療法としての箱庭療法 ………………………………… 207

あとがき ……………………………………………………………… 210
初出一覧 ……………………………………………………………… 213
索　引 ………………………………………………………………… 214

箱庭療法と心の変容――イメージと関係性の視点から

序章

箱庭療法との出会いから
本書にて扱うテーマと本書の構成

1. 箱庭療法と作り手の心の動き

　以下の2つの語りは，筆者が箱庭を用いて行った調査研究の中で，箱庭の作り手が語ったものである。
「なんか充実してる感じ。川の流れる音も聞こえるし，星も見えて綺麗。自然の音が聞こえてる。家の中には誰もいなくて一人。休憩できるところもあるし，この空間は自由。」
「作る前は，あんな箱庭が出来上がるとは思ってなかった。思いのままに作ってしまったのが自分らしいなとは思ったけど。」

　箱庭療法とは，内側が青く塗られた横72センチ，縦57センチ，高さ7センチの箱の中に，砂とミニチュアを使って，作り手が自身の表現したいものを自由に作っていくものであり，心理療法の技法の一つとして用いられている。一見すると，作り手が好みのミニチュアを並べたり，その時に思いついた世界を作ったりしているだけのように見えることがあるが，先に示した語りに表れているように，作り手には，豊かでさまざまな感覚やイメージが感じられていたり，自分で作ったにも関わらず意図していなかったような作品ができあがったと感じられたり，自分らしさについて思いが巡らされていたりするのである。そのため，箱庭を知る，学ぶには，自ら体験してみることが大切であると言われ，箱庭療法を日本に導入した河合隼雄は，「（箱庭療法の）紹介にあたって，まず第一に私が留意したことは，治療者となる人に，ともかく一度は自分で箱庭を作ってもらったことである。やはり，みずから体験することが一番大切である」（河合・中村，1984）と述べている。
　筆者が初めて箱庭と出会ったのは大学1年生の夏休みであり，「無意識との

出逢い――心理療法を通して」と題された大学の少人数ゼミにおいて，箱庭を体験することとなった。「臨床心理学」，「心理療法」といったものに漠然と興味は持っていたものの，「箱庭療法」を知ったのはその時が初めてであった。棚に並ぶたくさんのミニチュアに囲まれ，他の学生と担当教員が見守る中，特に作りたい箱庭世界のイメージがあったわけではなく，思うがままに，砂を触り，気になるミニチュアを使って箱庭を作っていった。目の前に出来上がった箱庭は自分自身にとって気に入るものとなったが，その後，見守り手として制作の様子を見守っていた担当教員と言葉を通して箱庭についていくつかのやりとりをする中で，自分の昔の体験が思い出されたり，その体験が，今へ，将来へとつながっていくような感覚を覚えたり，その場では言葉にはならないが，普段は感じていない自分の心の奥底にあった思いを感じたような感覚があったりした。その時の体験は，箱庭の持つ力，箱庭が治療法として存在している意味に触れた体験として，筆者の中に強く残ったのであった。

2．本書の目的と構成

　本書では，箱庭を制作した者に生じてくるこのようなさまざまな心の動きの体験と，その体験の心理臨床学的な意味を明らかにしていく。そして作り手の心の動きという視点から，箱庭療法が日本に導入された時からの大きな問いである，箱庭療法によってなぜ作り手が変容していくのかというテーマに，一つの答えを見出していくことを目的としている。

　箱庭療法における作り手の心理的変容というテーマに関しては，これまでもさまざまな観点から研究が重ねられてきた。第1章では，これまでの日本の箱庭療法における作り手の心理的変容に関する研究を概観する。その上で，本書ではどのような視点から，箱庭療法における作り手の心理的変容を検討していくのかについて述べる。

　そして第2章では，箱庭におけるイメージを取り上げる。イメージとは日常語でもあり，心理臨床分野においてもさまざまな意味で用いられることがあるが，本章冒頭に示した語りに見られた，星の様子などの豊かな情景，川の流れる音や自然の音，その空間が自由であるという感覚は，まさにイメージである。河合（1991）によると，イメージとは，自律性，具象性，集約性，直接性，象徴性，

創造性，「私」性などを備えていることから，心理臨床において重要なものと考えられており，箱庭療法においても作り手のイメージが刺激，賦活，体験されることが，作り手の心理的変容に関して最も重要な点の一つであると考えられてきた。本書ではこのことを踏まえ，イメージを「個人の内界で生まれ，そのものに自律性があり，それを体験する人にさまざまな感覚や感情を引き起こすもの，箱庭などの表現を通して表れてくるもの」と定義する。その上で第2章では，これまでほとんど焦点が当てられてこなかった箱庭制作後の作り手のイメージ変容の体験について，調査研究によって検討する。その際，臨床場面では，箱庭制作後に作り手が箱庭を言葉にすることが多いことから，言葉にすることによってイメージが変容していく体験があるのかどうか，あるのならば，どのような変容の体験であるのかについて論じる。

そして，イメージが「そのものに自律性があり，それを体験する人にさまざまな感覚や感情を引き起こすもの」であることを考えると，作り手が箱庭を作ったり，箱庭について語ったりする一方で，箱庭から何かを感じたり，訴えかけられたり，自身に対して思いを巡らせたりという形で，箱庭と作り手との間に相互作用が存在していると考えることができる。本書ではそのような相互作用を，箱庭と作り手との関係性として捉える。まず第3章では，そのような箱庭と作り手との関係性をイメージとイメージを体験する主体との関係性として広く捉え，イメージとそれを体験する主体の関係性とはどのようなものであるのか，先行研究と臨床事例から，その在りようについて論じる。

第4章では，第3章で論じたイメージとイメージを体験する主体との関係性を箱庭と作り手との関係性として考えた時に，どのような特徴が浮かび上がってくるのかについて，箱庭がミニチュアや砂など三次元的なものにより表現されるという点に着目し，論じる。

第5章では，第4章までで検討された箱庭と作り手との関係性を調査研究によって実証的に扱っていくため，どのような方法が妥当であるかについて述べる。調査研究の中で関係性を扱っている先行研究を概観し，箱庭と作り手との関係性を検討するための方法を考察する。

ここまでの章を踏まえた上で，第6章，第7章，第8章では，箱庭と作り手との関係性を検討するために行った調査研究から，作り手は箱庭を通して，ど

のように変容していくのかについて検討していく。第6章では，調査データから考えられる箱庭と作り手の関係性の在りようについて述べ，第7章では，関係性の変化の様相を，作り手を群に分けることで論じる。そして第8章では，4名の調査事例を取り上げ，箱庭との関係性の視点から捉えた作り手の心理的変容について検討する。

　そして終章では，本書全体を踏まえた上で，箱庭療法における作り手の心理的変容とはどのようにして起こるのか，箱庭療法によってなぜ作り手の心理的変容が起こっていくのかについて，結論を述べる。それに加え，今後の課題についても述べることとする。

　なお，本書における「箱庭」という言葉の用い方について述べておく。ここまでの記述においても「箱庭」という言葉を用いてきたが，本書での「箱庭」とは，砂箱の中にミニチュアなどを置いて，作り手が自身の作りたいものを表現していくこと，それによって出来上がる作品，それに伴って作り手の内界で生じるイメージ，箱庭での体験を指し示す言葉として用いる。作品のみを指す場合は，「箱庭作品」とする。また本書では，第2章，第6章，第7章，第8章において，調査研究から箱庭療法における作り手の心理的変容について検討する。調査研究であるため心理療法として箱庭が用いられているわけではないが，作り手の主観的な心の動きの体験に迫るためには調査研究は有効であり，箱庭を用いた調査研究から箱庭療法に関する検討をしていくことを目的として，本書では4章にわたって，調査研究のデータを扱うこととする。なお，箱庭の心理療法としての側面を述べる際には，「箱庭療法」という言葉を用いることとする。

❖ 文献
河合隼雄(1991)．イメージの心理学．青土社．
河合隼雄・中村雄二郎(1984)．トポスの知――箱庭療法の世界．TBSブリタニカ．

第 1 章
箱庭療法における作り手の 心理的変容の機序
我が国における箱庭研究の概観と展望より

1. 我が国における箱庭研究の概観

　箱庭療法はもともと，1929年にイギリスの小児科医Lowenfeld, M.によって世界技法として考案され（Lowenfeld, 1939），彼女に教えを受けたスイスの分析家Kalff, D. M.がJung, C. G.の分析心理学を導入し，箱庭療法として創始した。我が国には，Kalffに直接教えを受けた河合隼雄によって，1965年に導入された（河合，1969）。それ以降，我が国では箱庭療法に関して数多くの研究が積み重ねられ，箱庭が心理療法として成立する所以についても多様な視点から検討がなされているが，箱庭療法によって作り手がなぜ変容していくのかという問いに対する答えは，現在も模索し続けられていると言える。それに対する答えを見出していくことは，箱庭療法の本質に迫ることであると同時に，心理療法におけるクライエントの変容を考える上でも，示唆を与えるものとなるほど重要であると考えられる。

　本章ではまず，我が国における箱庭療法に関する研究を概観する。その際，本書全体のテーマである，箱庭療法における作り手の心理的変容の機序に関する研究を取り上げ，現在まで明らかになっている知見を整理し，さらに，本書ではどのような点に焦点を当てていくことが必要であるのかについて，述べることとする。

　我が国における箱庭研究の大きな流れとして〈臨床事例研究〉，〈基礎的研究〉，〈見守り手に関する研究〉，〈言語化に関する研究〉，〈箱庭用具や治療空間に関する研究〉，〈作り手の心の動きや主観的体験に関する研究〉の6つがあると考えられる。1つ目の〈臨床事例研究〉とは，何らかの知見や新たな技法等を示

す目的の中で事例を検討しているものは含めず，箱庭を用いた臨床事例自体の検討を目的としているものであり，我が国の箱庭研究における中心的なアプローチであると言える[*1]。〈見守り手に関する研究〉，〈言語化に関する研究〉，〈箱庭用具や治療空間に関する研究〉の3つは，導入当初より箱庭の治療的な性質に関わるものとして重視されてきたテーマである。箱庭療法について体系的にまとめられている河合（1969）や岡田（1993），東山（1994）においても治療の進展に関わる要因として積極的に取り上げられており[*2]，各観点における流れの中で現在まで研究が進められていると言える。〈作り手の心の動きや主観的体験に関する研究〉は，近年特に見られるようになってきた研究であるが，箱庭の治療的要因に直接的にアプローチしているとして注目を集めている。

　以上5つの観点による研究が，作り手の心理的変容に関するものであると考えられたため，観点ごとに研究を概観し，変容の機序を考える上での寄与や位置づけ，課題について述べる。なお，もう1つの観点である〈基礎的研究〉[*3]は，箱庭療法における基軸となる知見を与えるものとして重要と考えられるが，作り手の心理的変容に関する研究ではないとして，ここでは扱わないこととした。

❶ 臨床事例研究

　まず，我が国の箱庭研究の大多数を占めているものとして臨床事例研究が挙げられる。箱庭が我が国に導入された際に発刊され，箱庭療法の入門書として位置づけられる『箱庭療法入門』（河合，1969）では，箱庭療法の技法や理論的背景が述べられるとともに9つの臨床事例が検討されている。「まず大切なことは，作品をできるだけシリーズとして見ることである。つまり一回だけの作

[*1] 遠藤（2010）は，日本箱庭療法学会の学会誌『箱庭療法学研究』では，基礎的研究，理論研究，文献研究などがある中，事例研究は約8割を占めているとしている。
[*2] 河合（1969）では，箱庭の「技法とその発展過程」について述べられる中で，箱庭用具の意味や制作後の質問による言語化，セラピストの態度について記述されている。岡田（1993）では，治療的要因に関する章の中で「クライエントと治療者との人間関係」，「箱庭用具の利点」が挙げられるとともに，別の章では「物語作り法」について論じられている。東山（1994）においても「箱庭療法におけるセラピストの意味と役割」，「解釈について」，「箱庭療法とミニチュア玩具」として，それぞれ取り上げられている。
[*3] 基礎的研究とは，作り手の年齢や特性別に，制作時間やミニチュアの数などを比較する数量的研究や他の心理検査との比較研究などが含まれる。

品でなくこれが続けて行われたとき，どのように変化し，どのように関連していくかに注目することである」と述べられているように，導入当初から，箱庭とそれを表現したクライエントの理解のためには事例的な検討が欠かせないと考えられてきた。河合・山中（1982, 1985, 1987）による『箱庭療法研究』や，高橋ら（1990, 1991）にてまとめられている箱庭関連の文献一覧を見ると，1980年代頃までは，思春期を含む子どもへの適用を中心として臨床事例研究がなされてきたことがわかるが，現在まで，箱庭が用いられる対象，現場は拡大し続けている。心身症や摂食障害などさまざまな疾患を抱えたクライエントの事例（伊藤, 2003；北添, 1997），平松（1998）で展望されているような精神病圏のクライエントの事例，発達障害を抱えるクライエントの事例（吉岡・古田, 2011；北添, 2011），虐待など心的外傷体験を負ったクライエントの事例（高野, 2002；村本, 2007），脳機能障害を抱える高齢者の事例（秋本, 2007），全盲のクライエントの事例（木村, 1999）などがあり，制作された箱庭作品をもとにクライエントに対する理解を深めていくと同時に，クライエントの抱える心理的テーマや障害との関連において，箱庭療法の可能性や限界について検討されている。また，学校（安島, 2006）や司法現場（立川, 1997）といった特定の現場で箱庭を用いた臨床事例研究では，その現場特有のテーマや難しさとともに，箱庭の有効性について述べられている。さらに，オーストラリアや南アフリカなど海外での箱庭事例も見られ（伊藤, 2002；櫻井, 2007），文化の差異を比較した上で，日本の箱庭の特徴について検討されている。このように箱庭は幅広く用いられ，その対象，現場における適用可能性について議論されているが，臨床事例の理解に関しても多様な視点から考察がなされている。最も多くみられるのは，箱庭表現とクライエントの心理的テーマとの関連からの考察であり，箱庭をイメージや象徴的理解の点から系列的に見ていくことで変容プロセスを論じているものである。クライエントにとって，箱庭療法がどのような意味で治療的に働いたのかという点に関しては，箱庭が内的世界の表現の場となったこと（村本, 2007），言語ではなく非言語的な表現が可能になること（河合, 1969；高野, 2002），箱庭が作り手と見守り手との関係性の媒介物となること（広瀬, 2006），箱庭のもつ容器性が作り手と見守り手とを守るものになること（吉田, 2002）などといった考察がなされており，個々の臨床事例の理解から，作り手

の心理的変容の機序に結びつく知見が提示されてきたと言える。ここでは一部の臨床事例研究を挙げるに留まったが，事例研究によるこれらの知見は以下で論じていく観点と密接に関わっており，心理的変容の機序に関する視点を示し，かつ実証するものとして，臨床事例研究は我が国の箱庭研究の基礎をなしていると言える。

❷ 見守り手に関する研究

　箱庭を創始したKalff（1966/1972）が，「母子一体性」という作り手と見守り手との深い関係性のもとで「自由であると同時に保護された空間」を創り出すことの治療的意味を説いたことから，我が国においても，見守り手の存在の意味についてさまざまに検討されてきた。山中（1985）は箱庭療法における見守り手の態度について論じているが，その後，齋藤（1991）や野副（1997）など，見守り手が箱庭にどのように着目し，理解しているのかを示すための研究がなされるようになった。これらの研究は，治療者として箱庭を見守ることがいかなることであるのか，その専門性を示すものである。さらに清水（2004）は，調査面接により見守り手の主観的な体験を明らかにするための研究を行っており，見守り手の存在による作り手に与える作用の検討へと結びつくものと考えられる。その意味で，作り手と見守り手との関係性を検討するための土台となる研究であると考えられるが，そこから発展し，箱庭制作の場における作り手と見守り手の関係性についての研究も近年見られるようになった。中道(2010)，石原（2013）では，作り手が同時期に関係性の異なる見守り手の前で箱庭を作ることに関して考察がなされており，導入当初から重要と言われてきた作り手と見守り手との関係性のテーマについて，調査事例，臨床事例をもとに論じられている。変容を促すと言われてきた「母子一体性」（Kalff, 1966/1972）という関係性や「自由であると同時に保護された空間」（Kalff, 1966/1972）が，具体的にどのような関係性であり，関係性の違いが箱庭作品，箱庭での体験にどのように影響するのかについて実証的に述べられた研究は過去になく，作り手と見守り手の関係性という視点からは作り手の変容機序についてほとんど議論されずにきたと言っても過言ではないが，これら2つの研究は，そのテーマに示唆を与えていると考えられる。しかし，石原（2013）において「未完成な仮説の

提起にとどまった」と述べられているように，いまだ十分に検討されているとは言い難い。作り手の心理的変容という視点から考えると，複数の見守り手という形での関係性の違いが箱庭作品，箱庭体験にどのように影響するかを論じるだけでなく，同じ見守り手との間で時間をかけた関係性の深まりを体験していくことが，作り手の変容といかに関連するのかに焦点を当てた研究も必要だと考えられるだろう。

❸箱庭の言語化に関する研究

　箱庭をどの程度，どのように言葉にしていくのかということも箱庭導入当初から議論されており，言語化の意味を明らかにすることも箱庭研究の大きな流れの一つとなっている。見守り手による言語化，いわゆる解釈については，河合 (1969)，河合・中村 (1984) などにおいて，性急な解釈は控えて味わう態度を大切にするべきであると主張されてきた。それにより，見守り手が箱庭について言葉にして返すということはデリケートな問題であると考えられてきたが，田中 (2002) は，解釈や言語化をしないということが箱庭を理解しないことではないと強調し，味わう態度の中に見守り手側の深い理解があることが重要であるとしている。一方，作り手が自身の箱庭について言葉にすることについても，さまざまに研究がなされている。三木 (1977) が治療者の内的訓練法として考案した箱庭にモノローグをつける方法は，その後「箱庭物語作り法」(岡田，1993) などと名前を変えつつ，「意識レベルでのイメージの拡大」(岡田，1993) という意味を持つとして用いられている。片坐 (1990)，菅 (2003)，森 (2007) は，実際のクライエントや調査協力者に対して物語作り法を用いた事例を検討し，その有効性について述べているが，一方で，作り手の体験から物語作り法について検討している長谷川 (2011) は「箱庭物語作り法の臨床実践への適応は，相当慎重にあるべきだと考えられる」と述べている。さらに箱庭を言葉にすることについては，箱庭に認知－物語アプローチを取り入れた大前 (2010) の研究，制作後の作り手と見守り手との言語的やりとりに表れる体験過程に焦点を当てた平松 (2001) の研究，制作後に箱庭を名づけることにおける作り手の体験について述べた井芹 (2013) の研究が見られる。箱庭の言語化についてはその意義と危険性の両面が常に述べられており，丁寧に検討されるべきと言える

が，それは，言語化が作り手の変容を促進するのか阻害してしまうのか，あるいはどのような言語化であれば促進しうるのかという点に大きく関わる。箱庭作品や箱庭での体験を言語化することの意味についての研究は，変容機序を論じる上で一見遠いテーマであるように思われるが，制作後に箱庭を言葉にすることで作り手の変容が促される可能性があるということは，箱庭療法における心理的変容の機序を論じていく上で，制作後という時間にも目を向ける必要があることを示していると考えられる。

❹箱庭用具や治療空間に関する研究

また，砂，砂箱，ミニチュアなど箱庭用具についての研究もなされている。岡田（1993）は，箱庭療法の治癒的要因の一つとして箱庭用具の性質を挙げ，砂箱により空間に対して枠をつくること，ミニチュアによる三次元表現，砂による退行作用や感覚機能への作用について述べている。その後，弘中（2002）において箱庭で用いられるミニチュアの性質や意味が論じられ，調査研究としては，「砂あり条件」と「砂なし条件」を設定した面接より箱庭における砂の作用について論じている大石（2009）の研究がある。さらに，砂箱や箱庭制作という場に焦点を当て，箱庭が持っている治療空間としての力について考察している研究も見られる。仁里（2002）は，砂箱を中心とした箱庭空間の意味や治療的要因について述べ，大石（2010）は，箱庭療法の場が，面接室の中に砂箱という空間があるといった二重構造であることから，砂箱の場と制作の場という二つの場を行き来する作り手の体験を記述している。また山本（2002）は，箱庭の構造や機能について「こころの包み」という観点から考察する中で，箱庭が立体構成であることの空間軸と，制作過程での心の動きが作品に時間経過として込められることの時間軸があることで，そこに治療空間が生まれるのだと述べ，箱庭の容れ物としての構造が治療的な展開の可能性を内包していると論じている。これらの研究からは，箱庭用具が治療的意味を有していることが述べられており，特に箱庭の空間性の視点から見ると，箱庭が変容を促す構造であることが示されていると言えるだろう。ただし，山本（2002）において箱庭における空間性と同時に取り上げられている時間性を論じている研究は，数少ないのが現状である。

❺作り手の心の動きや主観的体験に関する研究

　そして近年注目されてきたもう一つ大きな観点として，作り手の心の動きや主観的体験について論じている研究がある。岡田（1984）は「制作中の制作者の心の動きは大切であり，これこそが箱庭療法の核心でもあるから，制作過程の研究は今後の重要な課題である」と述べたが，その方法の難しさや日本の箱庭研究の中心が臨床事例研究であったことにより，直接的なアプローチはあまりなされてこなかった。そのような事態について石原（2002）は，箱庭の臨床事例研究において，その表現内容，意味にばかりとらわれてクライエントの体験からかけ離れてしまう危険性を述べ，「クライエントの表現とセラピストによる意味づけの間をつなぐものとして，表現の過程でクライエントがどのような体験をしているのか，また自らの表現についてクライエントがどのように感じているのか，というクライエント側の主観的体験を積極的に取り上げていくような研究が必要である」と指摘した。それを契機として作り手の体験に迫るための方法の工夫がなされ，作り手の心の動きや主観的体験について現在まで研究が進んでいる。これらは箱庭における作り手の心理的変容の機序に直接的に迫ろうとしている研究であるが，このような観点からの研究として，変容へと向かう作り手の心の動きを理論的に論じているものと，調査面接における作り手の体験からそれに迫っているものとに大きく分けられると考えられたため，ここではそれぞれを概観していくこととする。

（ⅰ）作り手の心の動きに関する理論的研究

　東山（1994）は，「ピッタリ感」（三木ら，1991）が箱庭療法の中心的役割を果たしている可能性があることを引用し，箱庭の治療的要因として「自己の本質をぴったりした表現で表すことができる過程」を含んでいることを挙げている。さらに「箱庭療法が治癒力をもつのは，自分のイメージをぴったりした形で表現でき，それが自分に目の当たりにフィードバックされる点である」として，作り手の心の動きについて述べている。また齋藤（1995）は，箱庭療法における作り手の心の動きについて，Jung, C. G.（1921/1986；1987）による心の4つの機能[*4]のうち感覚と直観を手掛かりに論じている。感覚から直観に至るということは，イメージ空間の中で体験される心の動きが物語として継時的に展開していくことであり，それにより心が動いていく方向や意味が実感されてい

くと述べられているが,感覚,直観という視点に絞られていることについて「これらの機能は,目の前にある（あるいは,できつつある）箱庭の世界がどのように受け取られていくかに関わるからである」としている。これら2つの研究より,箱庭に自らの本質が表現されるとともに,作り手自身がそこから受け取るものがあることが作り手の心の動きに大きく影響し,治療的な要因となっていると言えるだろう。それらを踏まえて河合（2002）は,作り手が自身の箱庭に対峙することが,作り手の在り方の変容の契機となることを示唆している。また中道（2010）では,クライエントが「自己の無意識との対話を通して,箱庭の中に内界を表現し,表現したものから意識的にも無意識的にもフィードバックを得る」とし,そのような「対自的コミュニケーション」がクライエントの変容へとつながることを述べている。これらの研究から,自身の箱庭作品が目の前に現れること,それにより感覚,直観の機能に訴えるような作用があること,その作用によって対自的な心の動きが生じ,作り手の在り方の変容へとつながる可能性があることが示されていると言える。

　さらに作り手の心の動きについて,別の視点から論じている研究もある。和田（2007）は,「箱庭制作にまつわる制作者の体験,特にイメージの広がりや身体感覚,気持ちといった側面は,固定されたものではなく,常に変化し動き続けるものと思われる。そうした制作者の体験を捉えるためには,そのような『動き』をそこなわない形で見ていく必要がある」と指摘し,作り手の体験が動的で変化していくものであることを強調している。また川嵜（2004）は,「置いたものに違和感がある場合,それを取り去ったり,先に置いていたものの位置を変えたり,置くものを柵で囲ったり,砂のなかに埋めたりする動きが出てくる」ため,箱庭は「力動的な〈運動〉である」と述べている。さらに「箱庭を作成するなかで生じてくる『置かれた』ものの位置が変化するという力動以前に,クライエントが迷いつつ,棚からミニチュアを選んだ後に,それを取り

---

*4　4つの機能とは感覚,直観,思考,感情である。感覚とは「こころに働きかけてくるものをそのままに感覚情報として受け取る働き」,直観とは「こころに働きかけてくるものの表面上の特徴ではなく,その背後にある可能性や危険性を見て取る働き」,思考とは「その働きかけてくるものが『何なのか？』を判断しようとする働き」,感情とは「それが『どのような感じを起させるのか？』を判断しようとする働き」であるとしている（斎藤,1995）。

上げ，また棚に戻したり，などの動きもとても大切である。完成した後の『静止画』としての箱庭には顕著に現れてこないが，そのような製作途中のプロセスの力動全部を含めて，箱庭とはダイナミックな〈運動〉なのである」と述べている。川嵜（2007）では箱庭の力動性について述べられており，箱庭には自我親和的な部分と自我違和的な部分が表れてくることがあり，自我違和的な部分の存在や自我親和的な部分との関係の作られ方に，力動性が孕まれているとしている。自我違和的な部分を取り除くのではなく，既成の秩序と接触し，それが崩されることで新たな秩序が生まれ，それが変容であると論じている。つまり，制作中の作り手の心はイメージや身体感覚などの点で非常に力動的であり，その中で，本来自分であれば置かないような自我違和的なものをいかに取り入れ，受け入れていくかというところに，力動性による心理的変容のきっかけが存在していると考えられるだろう。

（ⅱ）作り手の主観的体験に関する調査研究

作り手の主観的体験に関する調査研究も，同時に積み重ねられている。上記の理論研究による知見を足掛かりとした上で，石原（1999）は「〈箱庭〉作品を十分に理解するためには，箱庭制作に伴う個々の制作者の主観的な体験，すなわちどのような意図をもって作ったのか，出来上がった作品からどのような感じを受けるのかといったことを理解する必要がある」との意図から，その内容を具体的に理解しようとし，箱庭療法にPAC分析を用いることで作り手の体験に迫っている。石原の研究は，箱庭を置くことがなぜ治療的に働くのかという疑問に直接的に迫ろうとするものであると同時に，それまで見逃されてきた作り手自身の体験を実証的に示そうとするものであり，我が国の箱庭研究の流れに大きなインパクトを与えたと言える。実際にその後，作り手の主観的体験に焦点を当てた研究は増加し，PAC分析とぴったり感の関連から作り手の主観的な体験に迫っている後藤（2003）や，PAC分析によるイメージ内容，イメージ体験の変移を論じている佐藤・有園（2009）などがある。また楠本（2011；2012；2013）においても，作り手の主観的体験を明らかにしていくことの必要性を述べた上で，箱庭制作，「自発的説明過程」，「調査的説明過程」，「振り返り面接」などを設定した調査面接を行い，質的研究法によって作り手の体験を多次元的，多層的に描き出している。PAC分析や質的研究法を用いたこれら

の研究は，作り手自身に可能な限りの言語化を促すことで作り手の体験を記述するものであるが，何十分もの時間がかかる箱庭制作体験を制作後に言語化することで，言語化されずに抜け落ちている体験が存在する可能性があること，制作後に自らの作品を味わうこと，振り返ることで新たな心の動きが生じている可能性があることなどを考えると，作り手の体験に迫る方法としては十分ではないとも考えられる。それらのことを考慮し，箱庭制作中に働くさまざまな要因をできる限り単純に，かつ，箱庭制作の要素を失わないようにする方法として考案された方法が「ミニチュアを一つだけ選び，砂箱に置く」という箱庭制作（石原，2007）である。これは「たくさんあるミニチュアの中から，『これだ』と思うものを一つだけ選び，選んだ一つのミニチュアを砂箱の中の『ここだ』と思うところへ置くように教示」し，体験を言語化してもらう方法である。これにより，箱庭制作での体験をより正確に，詳細に記述することが可能になると考えられ，その方法が用いられてきた。

片畑（2006；2007）は，箱庭制作中の作り手の内的体験を検討するため，一つのミニチュアを置くという方法[*5]による調査事例を提示している。イメージの中でミニチュアを置いたあと，イメージしていた過程に沿って実際にミニチュアを置いてもらうという手続きであったが，片畑（2006）で取り上げられている作り手において，ミニチュアを置く場所をイメージする際にミニチュアが勝手に動き出すような自律的なイメージ体験があったこと，ミニチュアを置く位置を決定する際にバランス感覚などといった身体感覚が賦活されたことが述べられている。さらに，イメージしていたようにミニチュアを置く際にイメージとのずれを感じるような体験があったこと，同時に，ミニチュアを置く場所については「ここしかない」と確信的に感じられるような体験があったことについても述べられている。片畑（2007）に記述されている作り手については，箱庭作品をイメージする教示後すぐにミニチュアの位置や背景の砂の形が決まり，ただ瞬間的に「浮かんだ」体験がなされたこと，実際にミニチュアを置く際に「汚さ」や「箱の狭さ」によりイメージとのずれを感じる体験があったことが述べられている。さらに石原（2007；2008）は，作り手の主観的体験を検

[*5] 片畑（2006；2007）では，置くミニチュアが指定され，一つのミニチュアを置くという方法であった。

表1-1 本章で取り上げた我が国の箱庭研究

	1965~1969年	1970~1974年	1975~1979年	1980~1984年	1985~1989年	1990~1994年	1995~1999年	2000~2004年	2005~2009年	2010年~
《臨床事例研究》	河合(1969)			河合・山中(1982；1985；1987)		高橋ら(1990；1991)：文献一覧	平松(1998)：精神病圏文献展望	吉田(2002)：解離性障害	広瀬(2006)：自己臭恐怖	北添(2011)：発達障害
							北添(1997)：摂食障害	木村(1999)：全盲	村本(2007)：思春期	吉岡・古田(2011)：発達障害
							秋本(1997)：脳機能障害 高齢者	伊藤(2003)：心身症	安島(2006)：学校現場	
							立川(1997)：司法現場	伊藤(2002)：海外	櫻井(2007)：海外	
《見守りに関する研究》	河合(1969)				山中(1985)	齋藤(1991)	野副(1997)	平松(2001) 清水(2004)	森(2007)	中道(2010) 石原(2013) 井芹(2013) 大前(2010) 長谷川(2011)
《言語化に関する研究》	河合(1969)		物語作り法 三木(1977)	河合・中村(1984)				田中(2002) 菅(2003)		
《箱庭用具や治療空間に関する研究》	河合(1969)					片坐(1990) 岡田(1993)	岡田(1993)	弘中(2002) 仁里(2002) 山本(2002)	大石(2009)	大石(2010)
《作り手の心の動きや主観的体験に関する研究》						作り手の心の動きに関する理論的研究 東山(1994)	作り手の主観的体験に関する調査研究 齋藤(1995) 石原(1999)	河合(2002) 川嵜(2004)	石原(2007；2008) 片畑(2006；2007) 川嵜(2007) 和田(2007) 佐藤・有園(2009)	中道(2010) 楠本(2011；2012；2013)

第1章 箱庭療法における作り手の心理的変容の機序

討することを目的として，一つのミニチュアを選び，置くという方法を用いた調査事例について論じている。石原（2007）における作り手は，一つのミニチュアを迷うことなく箱庭の中央に置くが，その後，調査者の教示によってミニチュアを移動すると，箱の中の位置によって，空間的な広がりや開放感が体験されたり，砂箱が「箱」として意識されたりするような体験があったことを語っている。石原（2008）における作り手は，ピアノという一つのミニチュアを選んで置くことで，波打ち際を背にピアノを弾いている女性がいて，波がさざめく様子やピアノの音までが聞こえてくるという豊かなイメージの広がりが体験されたが，ピアノを別の位置に移動させるとそれらのイメージが消えてしまう体験があったことを語っている。これら4つの調査事例から，ミニチュアを選ぶ，置く場所をイメージして決める，実際に置いてみるというそれぞれの行為の裏には常に，ぴったり感やずれ，イメージの広がりなどといった作り手の体験が存在し，それらは，身体感覚など言葉や意識では捉えにくい作り手の体感の次元とも大きく関わっていることが明示された。ミニチュアを置く場所が「ここしかない」と感じることや，豊かなイメージ体験をすることなど，箱庭療法の本質に関わる主観的な体験が詳細に，具体的に示されたことには大きな意義があったと言えるが，これらの研究においてもまだ，作り手の心理的変容を検討する上で不十分な点が残されていると考えられる。ここからは，以上で概観してきた5つの観点において残されてきた課題をもとに，箱庭のどのような性質に目を向ける必要があるか，そして本書では，どのような視点から箱庭における心理的変容の機序へと迫っていくかを示すこととする。

　なお，ここまで本章で取り上げた我が国の箱庭研究は，観点別，年代順に**表1-1**に示した。〈臨床事例研究〉についても本章で取り上げた研究のみを載せているため，数多くある箱庭療法の〈臨床事例研究〉のごく一部である。

2．作り手の心理的変容の検討に必要な点
❶箱庭における力動性
　まず，作り手の変容機序に直接的に迫っていると考えられた5つ目の観点のうち，理論的研究で示されてきた作り手の力動的な心の動きと，調査研究で示された一つのミニチュアを選び，置くことの体験から，箱庭における力動性に

ついて述べたい。和田（2007）や川嵜（2004；2007）により，箱庭体験の動的な性質や力動性が論じられていたが，実際の作り手の心の動きはいかなるものなのか，作り手の体験のレベルで力動的な心の動きを検討していく必要性があると考えられる。この点について，作り手の体験からアプローチしていた調査研究ではどのように扱われてきたのかを考えてみると，一つのミニチュアを選び，置くという方法であるが故に抜け落ちていた体験であることがわかる。置くミニチュアが一つに限られていることで，川嵜（2007）で述べられていたような，自我違和的な部分の存在による力動的な心の動きを体験することが難しく，ここに，一つのミニチュアを選び，置くという方法の限界があると考えられるだろう。通常の箱庭制作では，複数のミニチュアが置かれていくことがほとんどであり，一つのミニチュアを置き，また次のミニチュアを置くという中で，片畑（2006；2007）や石原（2007；2008）で明らかになったような体験が，何度もなされていくことが想像される。その体験は，無数に，積み重なるようになされていくと考えられるが，そこで同じような体験が生じるとは限らず，ある部分ではミニチュアから「これを置きたかったんだ」というぴったり感を得るが，ある部分ではずれを感じるということ，ある部分ではミニチュアを置いたことでイメージの広がりが体験されたが，ある部分では広がりづらさが体験されるということは，複数のミニチュアが置かれる中で必ずと言っていいほど生じている体験であろう。箱庭という一つの世界を作っていく過程で，そのような一つひとつの異質な体験を積み重ねていくと，全体として作り手にはどのように体験されるか，という点から捉えることが，作り手の心理的変容の機序に迫るために重要であると考えられる。

❷箱庭における時間性

このような作り手の力動的な心の動きを検討していくには，ある一点での作り手の心の状態を深く検討するだけでは不十分であり，箱庭が時間の経過を伴って制作され，その中で作り手の心が動き，また制作後にも心の動きが続いていくという視点が必要となる。それは，箱庭研究の概観からも明らかになったことであり，以下の3つの意味での時間性が今後検討すべきとして考えられた。1つ目は〈箱庭用具や治療空間に関する研究〉の概観から示されていたことで

あるが，制作時間の中での作り手の心の動き一つひとつが込められたものが作品となって表れるという，制作中のより微視的な時間軸的視点の必要性である。2つ目は〈言語化に関する研究〉の概観から示されていたことで，箱庭制作後における変容可能性が示唆されていることから，制作後の心の動きまでを視野に入れた研究が必要と言える。3つ目は〈見守り手に関する研究〉の概観から示されていたことであるが，作り手と見守り手との関係性の深まりから変容機序を検討するため，事例的に箱庭制作を重ねていくという意味での，より長い時間軸の視点が必要と考えられる。つまり，時間性に目を向けることで，臨床場面を想定した形での心理的変容の機序の議論が可能となると考えられ，時間の流れに沿った作り手の心の動きを取り上げる研究が必要と言えるだろう。

❸箱庭における対自性

　ここまで述べてきたように，制作中に生じる作り手の力動的な心の動きを，より長い時間軸の中で捉える必要があると考えられるが，その際に重要となるのが〈作り手の心の動きや主観的体験に関する研究〉の中で述べた，対自的な心の動きであると考えられる。作り手と箱庭とが一体となって制作が進んでいくこともあれば，作り手の目の前に箱庭が対象化されて表れてくることもあり，特に制作後には，自分が作ったものとしての箱庭に向き合うことで対自的な心の動きが生じる体験も表れてくると思われる。そこで，作り手の在り方が変容していく契機となるような体験が生じると考えられるが，ここで，改めて力動性，時間性に目を向けて箱庭を捉えた際に考えるべき点は，箱庭を通した対自的な体験に変化が生じていく可能性があることである。自分が作ったものとしての箱庭との関係性が内的に持続する中，箱庭，さらには箱庭を通した自分に対し，感覚的，感情的な部分での変化が生じたり，そこから言語や思考へと結びついたり，気づきという形で体験されたりと，箱庭という自分に対することの体験のされ方が変化していく。それは，数週間後，数か月後までも続いていき，臨床場面を想定すると，そのような心の動きによって再び箱庭を作ることにもつながると言える。このような，箱庭を通した「自分」の体験のされ方の変容とは，まさに箱庭療法における作り手の在りようの変容に結びつくものあり，このような視点で箱庭研究を進めることで，箱庭を作ることでなぜ作り手

が変容していくのかという問いに対し，一つの答えを提示できると考えられる。

3. 本書における研究の視点

　本書では，このような力動性，時間性，対自性を踏まえた上で，箱庭療法における作り手の心理的変容に関して検討を進めていくこととするが，これら3つの性質は，序章で述べた「イメージ」と「箱庭と作り手との関係性」の視点から扱っていくことができると考えられる。

　先の石原（2008）の調査事例のように，一つのミニチュアを置くことでも豊かなイメージが作り手の中に広がることとなるが，一つ以上のミニチュアを用いることのできる箱庭制作の場では，例えば，ピアノを弾いている女性が置かれるかもしれないし，その女性だけでは寂しいと感じられれば，他の人が置かれるかもしれない。しかし置こうとしてみたら，やっぱり人を置くのは違うと感じられ，動物が置かれるかもしれない。そのように，作り手の中ではさまざまなイメージが浮かび上がりながら最終的に箱庭が出来上がっていくのであり，作り手の力動的な心の動きを，多様なイメージの体験から扱っていくことが可能であると考えられる。さらに箱庭の時間性について考えると，そのような力動的なイメージの内容，体験のされ方は，制作後も少しずつ変化を続けていくと考えることができ，イメージの変化，体験の変化に焦点を当てることが意味を持つと言える。さらに，イメージが「そのものに自律性があり，それを体験する人にさまざまな感覚や感情を引き起こすもの」であるのならば，自らの箱庭から何かを感じたり，訴えかけられたりというさまざまな体験がなされると考えられるが，その箱庭が作り手自身の作ったものであることから，作り手には，箱庭を通して自らに向き合う体験，すなわち，対自的な体験がなされるのではないだろうか。つまり，序章で述べた，箱庭と作り手との関係性の視点から，作り手の対自的な心の動きを扱うことができると考えられる。よって本書では，箱庭における力動性，時間性，対自性を踏まえた上で，「イメージ」と「箱庭と作り手との関係性」の視点から，箱庭療法においてなぜ作り手が心理的に変容していくのかについて検討していく。

❖文献

安島智子（2006）．スクールカウンセリングにおける「被虐待児」との心理療法——幼児元型「遺棄された子ども」の活性化と，その変容過程．箱庭療法学研究，18(2)，51-66．
秋本倫子（2007）．83歳の脳血管障害患者のリハビリテーションの一事例——箱庭によって語られた物語．心理臨床学研究，24(6)，653-663．
遠藤歩(2010)．『箱庭療法学研究』にみる箱庭療法研究の現状．箱庭療法学研究，23(1)，97-105．
後藤美佳(2003)．箱庭表現に伴う「ぴったり感」のPAC分析．箱庭療法学研究，16(2)，15-29．
長谷川千紘(2011)．箱庭療法における物語作り法の検討．箱庭療法学研究，24(3)，35-51．
東山紘久(1994)．箱庭療法の世界．誠信書房．
平松清志(1998)．日本における精神分裂病の箱庭療法に関する文献的研究．箱庭療法学研究，11(1)，47-54．
平松清志(2001)．箱庭療法のプロセス——学校教育臨床と基礎的研究．金剛出版．
弘中正美(2002)．玩具．岡田康伸(編)．現代のエスプリ別冊 箱庭療法の現代的意義．至文堂，pp.74-86．
広瀬香織(2006)．自己臭恐怖にまつわる「違和感」を巡る戦いと変容——箱庭・描画等を「共に眺める」ことの意味．箱庭療法学研究，19(1)，49-64．
井芹聖文(2013)．作り手が箱庭作品を命名する体験の検討．心理臨床学研究，31(3)，466-476．
石原宏(1999)．PAC分析による箱庭作品へのアプローチ．箱庭療法学研究，12(2)，3-13．
石原宏（2002）．箱庭制作者の主観的体験に関する研究——「PAC分析」の応用と「一つのミニチュアを選び，置く」箱庭制作．岡田康伸(編)．現代のエスプリ別冊 箱庭療法の本質と周辺．至文堂，pp.57-69．
石原宏（2007）．砂箱という仕掛け——制作者の体験を手掛かりに．岡田康伸・皆藤章・田中康裕（編）．京大心理臨床シリーズ4 箱庭療法の事例と展開．創元社，pp.16-25．
石原宏（2008）．箱庭におけるモノとイメージ——制作者の体験を手がかりに．藤原勝紀・皆藤章・田中康裕（編）．京大心理臨床シリーズ6 心理臨床における臨床イメージ体験．創元社，pp.332-339．
石原宏（2013）．クライエントとセラピストの関係の違いが箱庭表現に及ぼす影響についての一考察——箱庭療法の臨床事例でおきたある出来事を手がかりに．佛教大学教育学部論集，24，1-19．
伊藤真理子（2002）．オーストラリアにおける箱庭療法への取り組み．岡田康伸・皆藤章・田中康裕(編)．京大心理臨床シリーズ4 箱庭療法の事例と展開．創元社，pp.260-267．
伊藤佐奈美（2003）．心身症児の箱庭療法の過程とその有効性について．箱庭療法学研究，16(1)，37-50．
Jung, C. G.（1921）．Psychologische Typen. *GW6*. Olten: Walter Verlag. 1971.（佐藤正樹（訳）(1986)．心理学的類型Ⅰ．人文書院．／髙橋義孝・森川俊夫・佐藤正樹（訳）(1987)．心理学的類型Ⅱ．人文書院．）
Kalff, D. M.（1966）．*Sandspiel: Seine therapeutishe Wirkung auf die Psyche*. Zürich und Stuttgart: Rascher Verlag.（山中康裕・大原貢（訳）(1972)．カルフ箱庭療法．誠信書房．）
片畑真由美（2006）．臨床イメージにおける内的体験についての考察——箱庭制作体験における「身体感覚」の観点から．京都大学大学院教育学研究科紀要，52，240-252．

片畑真由美（2007）．箱庭制作における制作者の「体験」についての考察——調査の枠内で見られた一事例から．岡田康伸・皆藤章・田中康裕（編）．京大心理臨床シリーズ4 箱庭療法の事例と展開．創元社，pp.70-79.

片坐慶子（1990）．サンドプレイ－ドラマ法の試験的適用——自分らしく生きられなかった女子大学生の事例を通して．箱庭療法学研究，3(2)，79-91.

河合隼雄(1969)．箱庭療法入門．誠信書房．

河合隼雄・山中康裕(1982)．箱庭療法研究第1巻．誠信書房．

河合隼雄・山中康裕(1985)．箱庭療法研究第2巻．誠信書房．

河合隼雄・山中康裕(1987)．箱庭療法研究第3巻．誠信書房．

河合隼雄・中村雄二郎(1984)．トポスの知——箱庭療法の世界．TBSブリタニカ．

河合俊雄（2002）．箱庭療法の理論的背景．岡田康伸（編）．現代のエスプリ別冊 箱庭療法の現代的意義．至文堂，pp.110-120.

川嵜克哲(2004)．イメージを布置する技法——箱庭療法において"箱"の中に"ミニチュア"を"置く"ことの意味．皆藤章(編)．臨床心理査定技法2．誠信書房，pp.207-253.

川嵜克哲（2007）．箱庭療法の「力動性」について——風景構成法，夢と比較しつつ．岡田康伸・皆藤章・田中康裕（編）．京大心理臨床シリーズ4 箱庭療法の事例と展開．創元社，pp.412-424.

木村晴子（1999）．箱庭療法適応の可能性をめぐって——全盲女性の箱庭制作．箱庭療法学研究，12(1)，3-14.

北添紀子(1997)．神経性食思不振症の箱庭療法過程．箱庭療法学研究，10(2)，3-14.

北添紀子（2011）．広汎性発達障害のある大学生の心理療法過程——箱庭療法を中心に．箱庭療法学研究，24(3)，19-34.

楠本和彦（2011）．箱庭制作過程および説明過程に関する質的研究の試み．佛教大学大学院紀要教育学研究科篇，39，103-120.

楠本和彦（2012）．箱庭制作者の自己実現を促進する諸要因間の相互作用（交流）に関する質的研究．箱庭療法学研究，25(1)，51-64.

楠本和彦（2013）．箱庭制作者の主観的体験に関する単一事例の質的研究．箱庭療法学研究，25(3)，3-18.

Lowenfeld, M.（1939）．The World Pictures of Children: A Method of Recording and Studying them. *British journal of medical psychology*, 18, 65-101.

三木アヤ(1977)．自己への道——箱庭療法による内的訓練．黎明書房．

三木アヤ・光元和憲・田中千穂子(1991)．体験箱庭療法——箱庭療法の基礎と実際．山王出版．

森範行(2007)．箱庭物語作り法を試みた中三女子の一例．岡田康伸・皆藤章・田中康裕（編）．京大心理臨床シリーズ4 箱庭療法の事例と展開．創元社，pp.244-255.

村本邦子(2007)．トラウマ治療への箱庭療法適用可能性についての試論．岡田康伸・皆藤章・田中康裕（編）．京大心理臨床シリーズ4 箱庭療法の事例と展開．創元社，pp.401-411.

中道泰子（2010）．箱庭療法の心層——内的交流に迫る．創元社．

仁里文美(2002)．砂箱．岡田康伸(編)．現代のエスプリ別冊 箱庭療法の現代的意義．至文堂，pp.62-73.

野副紫をん(1997)．箱庭療法過程の見方に関する研究．箱庭療法学研究，10(2)，27-37.

岡田康伸(1984). 箱庭療法の基礎. 誠信書房.
岡田康伸(1993). 箱庭療法の展開. 誠信書房.
大石真吾(2009). 箱庭制作における砂の作用に関する一研究——作り手の主観的体験にもとづいて. 箱庭療法学研究, 22(2), 63-71.
大石真吾(2010). 箱庭制作という場の特徴に関する一考察——2つの場をめぐる作り手の体験に着目して. 京都大学教育学研究科紀要, 56, 209-221.
大前玲子(2010). 箱庭による認知物語療法——自分で読み解くイメージ表現. 誠信書房.
齋藤眞(1991). 箱庭表現に対する心理療法家の系列的理解. 心理臨床学研究, 9(1), 45-54.
齋藤眞(1995). 箱庭療法における「感覚」と「直感」. 愛知教育大学研究報告(教育科学編), 44, 193-203.
櫻井素子(2007). 南アフリカの箱庭——南アフリカ・HIVホスピスにおける箱庭療法とその周辺. 岡田康伸・皆藤章・田中康裕(編). 京大心理臨床シリーズ4 箱庭療法の事例と展開. 創元社, pp.294-303.
佐藤秀喜・有園博子(2009). PAC分析による箱庭作品のイメージの再編成. 発達心理臨床研究, 15, 99-108.
清水亜紀子(2004). 箱庭制作場面への立ち合いの意義について——ビデオ記録を用いたプロセス研究の試み. 箱庭療法学研究, 17(1), 33-49.
菅佐和子(2003). サンドプレイ—ドラマ法を用いた自己探求の一試み——現代女性社会の攻撃性と母娘関係について. 京都大学医療技術短期大学部紀要, 23, 13-22.
立川晃司(1997). 矯正施設における箱庭利用の一事例——集団生活を拒んだ受刑者への箱庭療法. 心理臨床学研究, 15(3), 270-279.
高橋紀子・岡田康伸・番匠明美(1990).日本における箱庭療法文献一覧表(Ⅰ)1966～1977年. 箱庭療法学研究, 3(2), 92-96.
高橋紀子・岡田康伸・番匠明美(1991).日本における箱庭療法文献一覧表(Ⅱ)1978～1984年. 箱庭療法学研究, 4(1), 74-78.
高野祥子(2002). 壮絶な破壊の続いた幼児期被虐待児の箱庭療法. 岡田康伸(編). 現代のエスプリ別冊 箱庭療法の現代的意義. 至文堂, pp.143-156.
田中千穂子(2002). 体験箱庭療法. 岡田康伸(編). 現代のエスプリ別冊 箱庭療法の本質と周辺. 至文堂, pp.113-125.
和田竜太(2007). 箱庭制作過程における体験をめぐって——身体感覚やイメージの広がりを捉える試み. 岡田康伸・皆藤章・田中康裕(編). 京大心理臨床シリーズ4 箱庭療法の事例と展開. 創元社, pp.62-69.
山本昌輝(2002).「箱庭」と「こころの包み」. 箱庭療法学研究, 15(1), 3-16.
山中康裕(1985).治療者に求められているもの——箱庭療法において. 日本芸術療法学会誌, 16, 91-92.
吉田みを子(2002). 解離性障害の女子への箱庭と描画——セラピストの想像活動と治癒の転機をめぐって. 箱庭療法学研究, 15(1), 43-56.
吉岡恒生・古田祥一朗(2011). 箱庭の中で誕生を繰り返した広汎性発達障害児の事例. 箱庭療法学研究, 24(1), 51-66.

第2章
制作後に箱庭を言葉にすることにおける作り手のイメージ変容の体験

　本章ではまず，箱庭におけるイメージに焦点を当て，箱庭制作中にさまざまに体験されるイメージが制作後にどのように体験されていくのかという点から，制作後の作り手の心の動きについて検討する。また臨床場面を想定すると，制作後に作り手が自らの箱庭を言葉にすることが自然に行われることが多いことから，箱庭を言葉にすることがイメージの体験にどのように結びつくのかについて，イメージと言葉の観点から検討していくこととする。

1. 箱庭療法と言葉

　これまで，箱庭療法における制作後の心の動きに関する研究としてなされてきたものは，そのほとんどが箱庭の言語化に関する研究である。第1章の3つ目の観点〈箱庭の言語化に関する研究〉にて述べたように，制作後に箱庭を言葉にすることについては，これまでさまざまに議論がなされてきた。箱庭療法を日本に導入した河合隼雄は，導入当初，作り手側，見守り手側の両方にとって，治療過程における箱庭の言語化は慎重に行われなければならないことを強調していた。その理由としては，箱庭が「意識と無意識，内界と外界の交錯するところに生じたものを，視覚的な像として捉えたもの」(河合, 1969)というイメージが表現されたものであることが挙げられるだろう。河合（2000）は，このイメージの特性として自律性を挙げ，イメージの自律的な広がり，流れが箱庭療法の治癒的要因の一つとなっている可能性を示しているが，箱庭に表れたイメージを安易に言語化してしまうことでイメージ自体の動きや広がりを止めてしまい，治療の流れが停滞してしまう危険性があることを述べている。つまり，表現されたイメージをそのまま受け取り，感じることができるところが箱庭療

法の特徴であり，性急な言語化は避けられてきた一面があると言える。

　しかし一方で，箱庭から物語を作るという方法が考案され，それによって治療が進む事例も紹介されている。最初に箱庭物語作り法[*1]を考案した三木(1977)やそれに続く岡田(1993)，東山(1994)は，治療場面で用いるにはクライエントの心理的負担が増すという考慮より専門家の訓練として用いていたが，森(2007)は，知的に低くなく，イメージを広げることと書くことが好きなクライエントに対して，物語作り法を治療場面で用いた事例を検討している。さらに大前(2007)は，箱庭作品の主人公の同定から始まり，物語を作ったり，主人公の感情や思考，抱える課題などを話してもらったりする方法である「認知－物語アプローチ」を箱庭に導入し，知的に高く，心理療法の知識をある程度もつ成人に対して，箱庭作品の積極的な言語化と意識化を求めた事例を紹介している。クライエントの状態や物語を作ることによる心理的負担から，物語を用いた方法が全てのクライエントに適用できる訳ではないことは各事例の中でも言及されているが，作り手による箱庭の言語化が必ずしも非治療的に働くばかりではないと言えるだろう。この点に関して岡田(1993)は「(箱庭を)もとに物語を作ることは，イメージを拡大し，作品をさらに意識で考察することである」と述べ，「意識レベルでのイメージの拡大」という表現を用いている。また中野(2010)は，河合(2000)の「イメージに関して言語化をおこなうとき，動きを止める『答え』を与えるのではなく，新たな動きを生ぜしめる『問い』を発すると言ってもいい」という言葉から，言葉がイメージの動きを生み出す可能性を見出し，風景構成法を用いた調査の中で，PDI (Post Drawing Interrogation：「LMT (風景構成法) の描画後に行う対話」(中野, 2010)で，描かれた風景の季節や時刻，川の流れなどについて問うものである)によりイメージが自律的に動くのを感じた人がいたことを報告している。つまりイメージの言語化には，そのイメージが一義的に固定されてしまう場合と広がっていく場合の両面が存在していると言えるだろう。

[*1] 箱庭制作後に，その作品をもとに作り手が物語を作る方法として「サンドドラマ法 (東山, 1994)」，「サンドプレイードラマ法 (片坐, 1984)」などの呼び名があるが，ここでは岡田 (1993) の「箱庭物語作り法」を用いた。

ここで臨床場面における箱庭療法に立ち戻ってみると，弘中（2007）が「箱庭作品を作ることは作り手にとって大きな作業であるから，…（中略）…作り終わった後でしばらくの間はその作品をめぐってさまざまなやり取りを行おうとするのは自然なこと」と述べるように，作り手が制作後に作品について語ること，見守り手と対話を交わすことは，表現されたイメージを味わう行為として制作の流れの中で自然に行われていると言える。しかし，言語化によってイメージが変化し得ることを考えれば，制作後に箱庭を言葉にすることは，作品が作り手の心にどのように響くかに関わる重要な点となってくる可能性がある。このことについて，「箱庭療法を行う際の，最もデリケートで難しい問題は，箱庭作品をめぐってどの程度の言語的なやり取りを行えばよいかということ」（弘中，2007）だとは述べられているが，望ましいあり方についてはほとんど明らかにされておらず，制作後の言語化を扱った研究も数少ない。そこで本章では，箱庭制作後に箱庭を言葉にすることで，作り手はイメージをどのように体験していくのか，イメージを言葉にすることの体験と併せて考察することを目的として行った調査研究について論じる。

2．「箱庭を言葉にすること」について

　制作後に箱庭を言葉にすることが，臨床場面においてどのように行われているのかは，前述したようにほとんど明らかにされていない。しかし，言葉にすることそのものに焦点を当てる本章では，研究手続きとしての望ましいあり方を検討する必要がある。河合（1969）は「作品ができあがったとき『これはどんなのですか。ちょっと説明して下さい』と尋ねると，普通はいろいろと説明してくれる。…（中略）…われわれは今のところこれ以上あまり質問していない」と述べ，作り手の自発的な言葉を最も大切にしていることがわかる。このような態度について，楠本（2009）が「現在においても箱庭療法家の基本的な態度」だと述べていると同時に，心理臨床全般において基本的な態度であると考えられることから，作り手の自発的な言語化を尊重することを，手続きの検討に際して第一に考慮した。また弘中（2007）は，箱庭作品をめぐる望ましいやり取りとして「イメージ主体の言葉のやり取り」を挙げ，「クライエントの中で生じている内的体験としてのさまざまなイメージに触れ，それを確かめる作業」

であると具体的に述べている。これらのことから，作り手が言葉にしたいと思ったことを言葉にできるような場，イメージ主体の言葉のやり取りができるような場として手続きを考えていくこととした。また以下，手続きとして制作後に箱庭を言葉にする段階のことを「箱庭についての語り」の段階とする。

3．イメージ変容の体験を表現してもらう方法

　序章にて定義したように，本書でのイメージは「個人の内界で生まれ，そのものに自律性があり，それを体験する人にさまざまな感覚や感情を引き起こすもの，箱庭などの表現を通して表れてくるもの」であるが，その上で，イメージ変容の体験を表現してもらう方法を検討すると，個人の内界での体験であり，本人の報告や表現によらないと他者にはわからないことから，まずはインタビューにて聴取することとした。しかし，箱庭が「意識と無意識とのせめぎあいのなかでできあがってくるもの」（桑原，2005）であることを考えれば，イメージ変容の体験を意識的に言語化して表現できない可能性も大いに考えられる。そこで箱庭が同時に「自己の本質をぴったりした表現で表すことができる」（東山，1994）ものであることを考えて，変化したイメージをぴったりした形で表せるよう，箱庭についての語りの後に作品に自由に手を加えてもらうという方法をとることとした（以下，「置き直し」とする）。さらに，SD法（Semantic Differential法）を用いることで，箱庭から受け取る印象を数量的に捉えることとした。SD法とは，ある記号や概念が意味する内容を，客観的，多次元的，定量的に測定する方法として開発され，正反対の意味をもつ形容詞対からなる尺度の評定によって，対象の内包的な意味を調べる方法である。箱庭や風景構成法などの印象評定に広く用いられているという点で（片畑, 2003；中野, 2010；久米, 2011 など）間接的に内容的妥当性が保証されていると考えられる，岡田（1984）によるものを使用した。また，中野（2010）がイメージの動きを検討するために作成した5つの形容詞対（「鮮明な－不鮮明な」，「はっきりした－ぼんやりした」，「いきいきした－生気のない」，「遠い－近い」，「親しみのわく－疎遠な」）が本研究で扱おうとしているイメージの側面に合致することから，この5対を追加した。これらの3つの方法によって，以下のように調査を行った。

4. 調査研究の方法

調査協力者（以下，作り手と表記）：大学生・大学院生30名（男女各15名，平均年齢20.03歳，$SD=1.59$）を対象とした。

調査者：すべての調査における見守り手及び面接者を筆者が行った。

材料：箱庭（縦×横×高さ57×72×7 cm），人，動植物，建築物，乗り物などのミニチュア，調査同意書，SD法評定用紙2部，デジタルビデオと三脚，デジタルカメラを用意した。

手続き：調査は以下の7段階で行った（図2-1参照）。

①**調査の説明と同意書への記入**：本調査の概要と調査はいつでも中断できる点，個人情報は厳密に守られる点が伝えられ，同意書へ署名をしてもらった上で調査を実施した。また，調査を通じてビデオ撮影を行うことについても承諾を得た。

②**箱庭制作**：「ここにある砂とミニチュアを使って，この箱の中に好きなものを作ってください」という教示により制作を始めてもらった。制作時間や作品の向きなどを尋ねられた場合には「ご自由にどうぞ」と自由裁量を認め，作り手の合図で制作を終了した。

③**SD法評定**（1回目）：「この作品は，今どのように感じられますか。表現された世界を客観的に評価するのではなく，この作品に対するあなたの『感じ』に基づいてすべての形容詞対に評定して下さい」という教示とフェイスシートの説明を行い，SD法（7件法）に評定してもらった。SD法で用いた25の形容詞対は**表2-1**に示した。

表2-1 SD法で用いた25の形容詞対

1. 深い－浅い	2. かたい－やわらかい	3. 動的な－静的な	4. 男性的な－女性的な
5. まとまった－雑然とした	6. のびのびした－こせこせした	7. 豊かな－貧弱な	8. 成熟した－未熟な
9. 安定した－不安定な	10. 大きい－小さい	11. 開放的な－閉鎖的な	12. 明るい－暗い
13. 充実した－空虚な	14. ノーマルな－アブノーマルな	15. 積極的な－消極的な	16. 愉快な－不愉快な
17. 調和した－不調和な	18. 強い－弱い	19. くつろいだ－緊張した	20. にぎやかな－さびしい
21. はっきりした－ぼんやりした	22. いきいきした－生気のない	23. 鮮明な－不鮮明な	24. 親しみのわく－疎遠な
25. 近い－遠い			

④箱庭についての語り：初めに「どうでしたか」と尋ね，その後，作品についての無理な言語化は求めず，作り手が話したいと思ったことを話せるよう「この中で話したいと思うところはありますか」と教示を行った。その際，語りを聴く調査者の態度としては，先に述べた「イメージ主体の言葉のやり取り」（弘中，2007／p.803）を目指し，作り手の言葉，イメージに沿うように語りを聴き，言葉を返すようにした。語りの最後に，箱庭作品の写真撮影の同意を得て，制作後の作品として記録した。

⑤SD法評定（2回目）：形容詞対の配置順序は1回目のものからランダムに入れ替えた。

⑥置き直し：「今少し作品について話してもらいましたが，改めて作品を見てみて，ミニチュアを動かしたいと思うところや付け加えたいと思うところ，取り外したいと思うところなどがあったら，手を加えてみてください。もしなければそのままでも構いません」と教示を行って作品を見てもら

表2-2　インタビューの質問項目

箱庭に手を加えた場合	箱庭に手を加えなかった場合
1. 作品に手を加えましたが，どうしてですか。	1. 作品に手を加えませんでしたが，どうしてですか。

2. 作品について話してみて，作品についてのイメージは変わりましたか。
3. 作品について話しているときに，特にこのことを言いたいと思ったことはありましたか。
4. 作品について話しているときに，言いたいと思ったものの，うまく言葉にならなかったことはありましたか。
5. 作品について話しているときに，言葉にしたが，言いたかったことと違うと感じたことはありましたか。
6. 作品について話しているときに，言いたくないと思ったことはありましたか。
7. （箱庭についての語りの中で言及されなかったものを取りあげて）○○については何も言われませんでしたが，自分でどうしてだと思いますか。その部分は今見てどんな感じがしますか。
8. 今振り返ってみて，話し過ぎた感じや話し足りなかった感じはありますか。
9. 作品について話しているときに，何か頭に浮かんだエピソードや思い出はありましたか。
10. 作品について話しているときに，作品について何か気づいたことはありましたか。
11. 箱庭を言葉にすることは，どのような体験でしたか。
12. 作品は気に入っていますか。特に気に入っている部分や気に入らない部分はありますか。
13. 作品について話している時に，他に感じていたことや考えていたことはありましたか。

図2-1 調査の手続き

い，自由に手を加えてもらった。手を加えた場合も加えなかった場合も，作り手の合図で置き直しの時間を終了した。

⑦インタビュー（半構造化面接）：インタビュー内容は**表2-2**に示した。

置き直しの段階で作品に手を加えた場合には，インタビュー終了後に再び作品の写真撮影をお願いし，置き直し後の作品として記録とした。

5. 結果と考察
——イメージ変容についての体験型の分類とSD法評定値との関連

各作り手について，インタビュー項目2での語りをもとに，「イメージ変容体験があったかどうか，あったならどのような変化であったか」について語られた部分を取り出し，KJ法（川喜田，1967）による分類方法を参考にして体験を分類した。KJ法を参考にした理由は，一つひとつのデータを尊重しながらボトムアップ的に構造化していくことができるという点で作り手の語りに沿った分類と新たな視点の発見が可能であり，イメージという主観的，個別的な体験を探索的に検討していこうとする本研究の目的と合致していると考えられたためである。分類の際には，恣意的な分類になるのを避けるため，心理学専攻の本大学の学生1名とともに合議，検討しながら行った（両者の一致率は96.7%）。その結果，30名の作り手は4つの体験型に分けられた。以下，体験型ごとの人数と定義，置き直しの教示によって作品に手を加えた人数について**表2-3**に示し，それぞれの体験の内容より，無変化型，鮮明化型，ストーリー化型，客観化型と命名した。

SD法評定値の変化と体験型の関連を見るため，まずSD法で用いた25の形容詞対について因子分析を行った。1人に2度行った評定全てを用い，主因子法バリマックス回転で因子分析を行った。因子スクリープロット及び抽出因子の解釈可能性より，5因子解が妥当であると判断された。因子負荷が0.4以上の形容詞対を因子に関係のある形容詞対として採用し，その結果を**表2-4**に示

表2-3 4つの体験型

体験型名	人数	置き直し人数	定義
無変化型	8名 男性5名，女性3名	2名	イメージは変わらないと語った作り手のグループ
鮮明化型	8名 男性5名，女性3名	1名	箱庭を言葉にすることで，制作時から感じられていたイメージが，より「鮮明に」，「具体的に」，「整理されて」感じられるようになり，制作直後よりもイメージを深く味わうことができたと語る作り手のグループ
ストーリー化型	7名 男性2名，女性5名	7名	箱庭を言葉にすることで，制作時になんとなく置いていたものに対して，全体としてのテーマやまとまり，ストーリー性が生まれ，制作直後よりもイメージが広がりをもって感じられるようになったと語る作り手のグループ
客観化型	7名 男性3名，女性4名	6名	箱庭を言葉にすることで作品に対し違和感を抱いたり，作品を客観的，現実的に見たりするようになり，制作直後に感じられていたイメージから離れ，薄れていってしまったように感じる体験があったと語る作り手のグループ

した。なお，複数の因子に重複する形容詞対に関しては，共通性の高さから因子を構成する項目として採択した。

　第1因子は，「明るい−暗い」，「充実した−空虚な」などの10対からなり，作品から受ける明るさや充実性，にぎやかさなどを表す因子だと考えられるため，充実性因子と命名した。第2因子は，「調和した−不調和な」，「深い−浅い」などの8対からなり，作品がどれほど深く，広がりのあるものとして捉えられているかという調和性や豊かさを表す因子であると考えられるため，調和性因子と命名した。第3因子は，「いきいきした−生気のない」，「動的な−静的な」などの8対からなり，作品をどれほど心に響くものとして感じているかという生命感やエネルギーを表すと考えられるため，直接性因子と命名した。第4因子は，「ノーマルな−アブノーマルな」，「親しみのわく−疎遠な」，「近い−遠い」の3対からなり，作品との親しみやすさや距離を表していると考えられるため，親近性因子と命名した。第5因子は，「まとまった−雑然とした」，「安定した−不安定な」，「男性的な−女性的な」の3対からなり，作品の安定性や穏やかさを表す形容詞だと考えられるため，安定性因子と命名した。また，各因子の

表2-4　因子分析の結果（主因子法バリマックス回転）

	因子					共通性
	1	2	3	4	5	
明るいー暗い	.894	.179	.056	.213	.000	.879
愉快なー不愉快な	.834	.175	.097	.115	.070	.753
充実したー空虚な	.722	.307	.135	-.088	.134	.659
かたいーやわらかい	-.627	-.360	-.013	.070	-.395	.683
豊かなー貧弱な	.541	.607	.352	-.057	.030	.789
くつろいだー緊張した	.654	.560	-.113	.080	.072	.766
開放的なー閉鎖的な	.533	.419	.298	.237	-.014	.606
調和したー不調和な	.208	.700	-.064	.073	.092	.551
深いー浅い	.019	.657	.248	-.288	.103	.587
のびのびしたーこせこせした	.375	.571	-.078	-.188	.089	.515
成熟したー未熟な	.065	.500	.011	.157	-.016	.279
いきいきしたー生気のない	.501	.308	.660	-.035	.232	.836
にぎやかなーさびしい	.694	-.285	.424	.073	.158	.773
大きいー小さい	-.048	.196	.661	.021	-.245	.538
動的なー静的な	.195	-.225	.619	-.193	.128	.525
はっきりしたーぼんやりした	.083	-.044	.586	.234	.023	.407
強いー弱い	-.213	.036	.581	-.228	-.287	.518
鮮明なー不鮮明な	.232	.060	.538	.392	.252	.564
積極的なー消極的な	.315	.046	.456	-.015	-.203	.351
親しみのわくー疎遠な	.484	.114	.242	.615	.111	.696
ノーマルなーアブノーマルな	-.179	.225	-.227	.707	.026	.635
近いー遠い	.134	-.221	.086	.497	.081	.327
安定したー不安定な	.399	.517	-.055	.294	.565	.835
まとまったー雑然とした	-.015	.144	.007	.085	.731	.563
男性的なー女性的な	-.295	.086	.256	-.020	-.416	.333
寄与率	20.44	13.29	12.51	7.24	6.40	

　項目の信頼性を確認するためクロンバックの α 係数を算出した結果，第1因子は α =.920，第2因子は α =.861，第3因子は α =.801，第4因子は α =.619，第5因子は α =.648となった。

　そして各因子について，先に分類した体験ごとに，箱庭についての語りの前後での変化を検討するため，体験型と評定回数を独立変数，各因子を構成する項目の評定値の合計を従属変数とする2要因分散分析を行った。その結果，直接性因子と安定性因子において，5%水準で交互作用効果が有意であった[*2]。

表 2-5　体験型別各因子の得点の平均値と分散分析結果

	充実性因子		調和性因子		直接性因子		親近性因子		安定性因子	
	①	②	①	②	①	②	①	②	①	②
無変化型	12.25	11.75	8.25	8.63	6.50	6.50	0.75	-0.38	0.13	0.38
鮮明化型	5.63	8.63	5.13	6.88	1.00	3.88	2.00	2.63	0.63	2.50
ストーリー化型	16.00	13.43	10.29	9.14	5.43	2.57	-0.14	-1.14	-1.14	1.00
客観化型	16.71	15.29	8.43	6.71	3.86	3.71	1.14	0.43	3.14	1.29
F値	1.66		1.40		3.57**		0.59		4.64**	

$**p < .05$

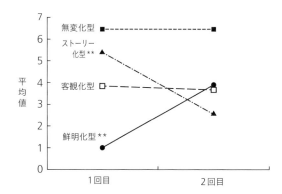

図 2-2　直接性因子平均値

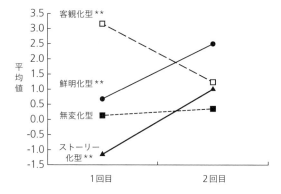

図 2-3　安定性因子平均値

さらに，これら2因子について単純主効果の検定を行ったところ，直接性因子では鮮明化型とストーリー化型において評定回数の単純主効果が5％水準で有意であり[*3]，安定性因子では鮮明化型，ストーリー化型，客観化型において評定回数の単純主効果が5％水準で有意であった[*4]。体験型別各因子の得点の平均値は**表 2-5** に，交互作用効果が有意であった2因子についての体験ごとの平均値は**図 2-2**，**図 2-3** に示した。以下，作り手の発言は「」，筆者の発言は〈　〉，筆者による補足は（　）によって示した。

　直接性因子においては，鮮明化型では1回目に比べ2回目の値が高まり，ストーリー化型では低下する結果となった。鮮明化型では，イメージを深く味わうようになることで，作品から生命感やエネルギーを強く感じられるようになったと言える。鮮明化型の作り手は，「最初は静的かなって思ったんですけど，（言葉にした）あとで結構動くものが多いなって思って。あと最初静かなイメージだったんですけど，これに音を付けるとなると結構うるさいなとも思うし」と語り，視覚的な動きのみならず聴覚的にもイメージが生き生きと響くようになっていることが窺える。田嶌（2011）は，このような「五感に開かれた全体的体験」が「深い心身一体の体験」であるとしており，作り手が身体を巻き込んだ深いイメージ体験をするようになったと考えられる。ストーリー化型では，イメージが広がって感じられるようになるとともに，作品が心に響かなくなっていると言える。この点についてストーリー化型のある作り手は，「ストーリーができたことでこの世界が広がって，ちょっとぼんやりもしてる。そのストーリーはここでは収まらないような感じなんで，どう広がっていくのかちょっと自分ではっきりしてない」と述べている。作り手自身思いもよらなかったその先のイメージの存在に気づいてはいるが，その内容は作り手が意識的に感じられるものとしては表れておらず，そのような意味で作品がぼんやりと感じられるようになったと考えられる。また，同じくストーリー化型の別の二名の作

[*2] それぞれ $F(3,26)=3.75$, $p<.05$, $F(3,26)=4.64$, $p<.05$ となった。充実性因子，調和性因子，親近性因子における分散分析の結果はそれぞれ，$F(3,26)=1.66$, n.s., $F(3,26)=1.40$, n.s., $F(3,26)=.59$, n.s. であった。

[*3] それぞれ $F(1,26)=6.04$, $p<.05$, $F(1,26)=5.22$, $p<.05$ であった。

[*4] それぞれ $F(1,26)=5.37$, $p<.05$, $F(1,26)=6.14$, $p<.05$, $F(1,26)=4.61$, $p<.05$ であった。

り手は「話してるうちに平和な楽園みたいなテーマができてきて，作り終わってからの方が，こうしたいああしたいっていうのは出てきた」，「説明してるときに物足りないなっていう感じはあって，ちょっと寂しいなって思ってて」と述べており，作り手自身の内的イメージが活性化したことにより，作品に物足りなさ，寂しさが感じられ，作品が心に響かなくなったとも考えられる。また，ストーリー化型の作り手全員が置き直しの教示によって作品に手を加えていることにも，感じられている物足りなさを埋め，言葉にすることで生まれたテーマに作品を近づけようとする動きが表れていると考えられる。

　安定性因子については，鮮明化型とストーリー化型では1回目に比べ2回目の値が高まり，客観化型では低下するという結果であった。鮮明化型では，「整理された」，「しっくりきた」，ストーリー化型では「まとまりができた」，「統一感が生まれた」という言葉で，多くの作り手が作品から感じられる安定性の高まりを表現している。客観化型では，「雑に置いたなって思いました。作ってた時はそんな思ってなかったんですけど」，「自分ではまとまってたつもりだったんですけど，しゃべって改めて見直してみると，なんか変な感じだなって」などと語られ，安定性の喪失が報告されている。また，客観化型では7名中6名が置き直しの教示によって作品に手を加えているが，置き直しの理由について，「ザリガニが密集してたんで，散らした方が色のバランスが良くなるかなと思って」と述べられているように，安定性の回復が作品に手を加えた一つの目的となっていることが窺える。

　以上，箱庭を言葉にすることにおけるイメージ変容の体験が大きく4つに分かれ，SD法評定値の分析によりそれらの体験を数量的に裏付ける結果が得られた。イメージがより豊かに，安定して感じられるようになったという点で鮮明化型とストーリー化型は一見似ているようであるが，イメージの直接性の感じられ方に正反対の動きが見られ，直接性が低下したという点にストーリー化型の大きな特徴があると考える。つまりストーリー化型では，「外在化されたイメージ」(河合，1991)としての作品と，それについて語ることによって生まれた動的で広がりのある内的イメージとの間にずれが感じられており，桑原(2010)が「ずれ」のもつ大きな効用として「動きを生む」ことを挙げているように，そのずれが置き直しという動きにつながったと考えられる。そのよう

に見ると，客観化型でも作品との間にずれが感じられており，この点ではストーリー化型と客観化型も似た体験であると言えるかもしれない。しかし，言葉にした後の作品に対する見方や感情が2つの体験型で大きく異なっていることは明らかで，確かに異なった体験がなされている。そこで，4つの体験型それぞれについて，イメージの流れに影響を与えたと考えられる言葉の働きを中心に，インタビューでの語りからさらに詳しく検討していきたい。

6. 結果と考察──箱庭を言葉にしている際の体験

　インタビューにより，箱庭を言葉にしている際のさまざまな体験が語られ，それらのデータを質的に分類し，構造化していくため，再度KJ法を参考にした分類を行った。具体的には，「作り手によって箱庭を言葉にしている際の体験として語られたもの」という定義に当てはまる語りを取り出し，161枚のラベルを作成した。分類の際は，5で分類を行った学生と再び合議しながら全体の半分に当たる81枚の分類を行い，この時点で両者の一致率が88.5%であったため，残りは筆者単独で分類を行った（合議により，あるラベルに2つの体験が含まれていると判断されたため，グループ編成後の語りは合計162例となった）。その結果，5つの大カテゴリー，22の小カテゴリーが生成され，その内容は**表2-6**に示した。以下本章中では，大カテゴリーを［ ］，小カテゴリーを《 》によって示した。

　さらに，これらの語りが，それぞれどの体験型の作り手の語りによって構成されているのかを調べたところ，大カテゴリーの中で体験型による数の偏りが見られたものがあった。各大カテゴリーにおける体験型の語りの数を，一人当たりの平均値として**表2-7**に示した。大カテゴリー全体の平均値と各体験型の平均値を比較してみると，［非意図的な言語化］はストーリー化型，［イメージが言葉と結びつかない］は客観化型，［自分自身が意識される］は鮮明化型，［見守り手が意識される］は無変化型の作り手から多くの語りが得られていると言える。そこで大カテゴリーごとに，体験型を独立変数，語りの数を従属変数とした1要因分散分析を行ったところ，［見守り手が意識される］について，体験型における主効果が5%水準で有意であった[*5]。Tukey法による多重比較を

---

*5　$F(3,26)=4.04, p < .05$ であった。

行った結果，無変化型と鮮明化型の間で5％水準での有意差が，無変化型とストーリー化型，無変化型と客観化型の間で10％水準の有意傾向が認められ，［見守り手が意識される］体験の語りは，無変化型に特徴的な語りであると考えられた。しかし，他の大カテゴリーにおいては，体験型による語りの数に有意差は見られなかった 。その理由として，これらの体験が箱庭に限らず言葉を発するあらゆる場面でなされ得る体験であるために全体として一定数の語りが得られていることと同時に，各体験型の人数がそれほど多くないことが考えられる。よって，［見守り手が意識される］以外の大カテゴリー内での偏りは相対

表2-6　箱庭を言葉にしている際の体験

大カテゴリー	小カテゴリー	
意図的な言語化	特に言葉にしたいと感じる体験	39例
	言葉にしたくないと感じる体験	5例
	制作中のイメージをそのまま言葉にできたと感じる体験	4例
非意図的な言語化	言葉にしたことで実際にそうなっていることに気づく体験	11例
	言おうと思っていなかったことを言ったと感じる体験	9例
	言いすぎたと感じる体験	5例
	後付けの説明をしたと感じる体験	2例
	制作中に考えていたこととは別のことを話したと気付く体験	1例
イメージが言葉と結びつかない	はっきりとしたイメージがなくうまく言葉にできないと感じる体験	24例
	箱庭を言葉にするのに難しさを感じる体験	6例
	何を言葉にしたらいいのか分からないと感じる体験	4例
	具体的で豊かなイメージがあり言葉では伝えきれないと感じる体験	4例
	発した言葉とイメージのずれを感じる体験	4例
自分自身が意識される	過去の自分・思い出・経験を思い出した体験	12例
	自分の一側面を意識した体験	10例
	これからの予定を思い浮かべた体験	1例
見守り手が意識される	見守り手に分かってもらいたいと感じる体験	9例
	どこまで話そうかと見守り手を窺いながら話す体験	4例
	気恥ずかしいと感じる体験	3例
	見守り手に対して話しておくべきだと感じる体験	2例
	コミュニケーションの中で見直す体験	2例
	一人で取り組む制作よりも楽しいと感じる体験	1例

表2-7 大カテゴリーにおける体験型ごとの語りの平均値と分散分析，多重比較結果

体験型	意図的な言語化	非意図的な言語化	イメージと言葉が結びつかない	自分自身が意識される	見守り手が意識される
無変化型	1.50	0.88	1.25	0.88	1.88
鮮明化型	1.88	0.50	1.25	1.25	0.00
ストーリー化型	1.71	1.43	1.00	0.43	0.43
客観化型	1.29	1.00	2.14	0.43	0.43
全体	1.60	0.93	1.40	0.77	0.70
F値	0.46	1.53	1.04	1.95	4.04**
多重比較					無変化-鮮明化** 無変化-ストーリー化* 無変化-客観化*

$**p<.05.$ $*p<.1$

的な差に過ぎず，体験型と大カテゴリーの関連を強く主張することはできないが，以下，事例の中で各体験型の特徴を探っていくための参考としていきたい。

7. 結果と考察――調査事例の検討

事例は，作り手のイメージ変容の体験に注目し，各体験型につき一名ずつ選出した。鮮明化型では，体験型の定義に合致する内容を複数回，明確に報告していることから，非常に強いイメージ変容体験をしていたと考えられる作り手を選出した。ストーリー化型と客観化型では，イメージ変化が置き直しという形で表れており，最も多くの部分に手を加え，置き直し時間も最も長いということがイメージ変容体験の強さを表す一つの指標となると考え，各事例を取り上げた。無変化型では，イメージ変容体験についての語りには差が見られないが，［見守り手が意識される］体験の語りが他の体験型に比べて特徴的であると示されているため，その中で特に多くの語りが得られた小カテゴリー《見守り手に分かってもらいたいと感じる体験》において，典型的な語りを明確に報告している作り手を取り上げた。

事例1　Aさん（21歳女性・無変化型）

箱庭制作時の様子：箱庭中央に焚火を置き，中心から人や動物を置いていく。徐々に周辺へと広がるように，すでに置いたミニチュアの位置も少しずつ調整しながら置いていく。28分23秒。**（写真2-1）**

箱庭についての語りの要約：楽しかった。動物とか人間とか，人間じゃないものとか民族とか何も関係なく，みんなで踊ってる。キャンプファイヤー的な。最初は内側をちっちゃくして（小さいミニチュアで），外側を大きくしようかなと思ったけど，整い過ぎてて気持ち悪いなって思って，なるべくぐちゃぐちゃになるように，動物とか人間も入り混じってる感じにした。とりあえずカオスな感じにしたくて，適当にバーってやった。（語り時間：2分50秒）

置き直し：作品を少し眺めるが，手を加えない。（置き直し時間：33秒）

インタビューでの語り：作品に手を加えなかった理由について，「なるべく同じものは置かないようにしたくて，多分もう（種類の違うミニチュアが）ない……で，まぁいいかなみたいな」と語った。イメージの変容については，「うーん……まぁどっちかといえばしっくりきたような気もするけど，そんなに，そこまでは……」と，大きな変化は感じられなかったと語った。箱庭を言葉にしている際の体験としては，「いろんな要素が含まれてることと，踊ってることは言いたかった」と語り，話し足りない感じはあるかという質問に対しては，「足りないというか，言葉で説明できるようなことぐらいまでって感じですかね。その雰囲気の楽しさとかは言葉では言えないな」〈じゃあまだ他に自分の中にイメージはある？〉「そうですね。本当に動いてる映像とか，もっと周りも暗くてキャンプファイヤーの火で，みたいな。あと曲も流れてますね」と語った。また，「無言で作ってる時は，何やってんだろって思われてるんだろうなとか，（ミニチュアを）使い過ぎじゃないかって思われてるんだろうなと思いつつ，まぁいいやと思いながらバーっと作ってて，でもちゃんと説明できる機会があったので，こう理解してもらう場というか」，「言ったらこうもっと理解してもらえたなって」と語ったが，「どこまで説明したらいいかな」という迷いの体験もあったと語られた。

考察：Aさんにとって箱庭を言葉にすることは，イメージの変容を感じる体験ではなく，「理解してもらう場」というように，見守り手に自分の作った

写真 2-1　Aさん箱庭　制作後

作品や感じられているイメージを伝え，分かってもらう体験であったと言える。このことについて大谷（2000）は，「人は言葉を得たことによって『守られている』といえる。人は，自分が他者と話せる・自らを語れる言葉を持っていることで…（中略）…安全な場にいることができる」と述べ，言葉に人を守るような働きがあることを示唆している。Aさんが，「無言で作ってる時は，何やってんだろって思われてるんだろうなとか，（ミニチュアを）使い過ぎじゃないかって思われてるんだろうなと思いつつ」と語るように，言葉という手段がなければ他者とつながることができず，自らの体験を伝えられないという不安が生じる可能性があるが，言葉を得ることで，その不安を「理解してもらえた」という安心感に変えることができたと考えられる。さらにはその安心感があったからこそ，イメージが豊かなまま守られたという可能性も考えられるだろう。つながる，分かってもらう，という働きを持った言葉は，Aさんが述べるように「どこまで説明したらいいかな」と相手を窺うような迷いや，「言葉で説明できるようなことぐらいまでって感じ」と

いうように自分のイメージ全てを言葉では相手に伝えられないという無力感を生じさせることもあるが，「理解してもらえた」という見守り手とのつながりの体験は，見守り手との関係性の中で箱庭制作の体験をおさめる意味があったと言えるだろう。

事例2　Bさん（20歳男性・鮮明化型）

箱庭制作時の様子：黄緑のシートを中央に置き，その上に池，男の子，石と置いていく。さらに，赤と黄色の木，灯篭を置き，1分41秒で制作終了。**(写真2-2)**

箱庭についての語りの要約：楽しかった。結構箱が大きくて全面に使うのは難しいなって感じで，これ（芝生）で枠をとって，この黄緑に調和するように当てはめていこうって思った。人がいっぱいあったけどあんまり置く気になれなくて，物を結構使いたいなっていう感じで，この場面に合う人を探したらこの人が一番合った感じがした。イメージとしては日本庭園って感じ。
（語り時間：2分56秒）

置き直し：「これ（置いてある木と同じ種類）の緑があったらいいなと思うんですけど……」と言って探すが見つからず，他に手を加えたいところはないと答える。（置き直し時間：1分36秒）

インタビューでの語り：置き直しの際に欲しいと話した緑の木については，「置いてる時からあったらいいなとは思ってて」と述べられ，他の部分については「自分の中ではかっちりしてる」と語った。イメージの変容については，「調和した感じが自分の中で強くなりました。あんまりごちゃごちゃした感じにしたくないなぁと最初に思って，シンプルなのでまとめようと思ったんですけど，実際作った後にそれを確認できたって感じ」と語り，さらに「ぼんやりしてたイメージがどんどん固まっていく印象を受けました。なんとなく作ってたのから自分の性格とか考えだして……」〈具体的には？〉「最初は日本庭園作りたいなってなんとなく考えたんですけど，すごいシンプルっていうのを表現したくて，話してる間にやっぱり自分はシンプルさを求めてたんだってのがしっかりしてきました」と語られた。箱庭を言葉にしている際の体験としては，「日本庭園のイメージっていうのは言いたかった」と

写真2-2　Bさん箱庭　制作後

語り，その他の質問に対しては「なかった」と語った。

考察：Bさんは，箱庭を言葉にすることにより，制作時からなんとなく持っていた「日本庭園」のイメージがよりはっきりし，自分が求めていたものなのだという感覚が得られている。このような働きは言葉の持つ明確な意味によるものと考えられるが，裏を返せば，これまでイメージを一義的に固定するとして否定的に捉えられてきた側面でもある。しかしBさんが，箱庭を言葉にしている際に「自分の性格」を考え出したり「自分はシンプルさを求めてたんだ」と感じたりする［自分自身が意識された］体験があったことを語っていることから，イメージに対する言葉の一義性が必ずしも作り手のイメージの流れを止めるとは言えず，時に自分自身へと向かう意識の流れが生まれると考えられる。このことについては，田嶌（2011）が，「イメージ体験にはその方向として『拡がり』方向と『深まり』方向とがある」とした上で，「深まり」とは「深い自己の体験」だと述べていることから，Bさんは言葉にすることによって，イメージの「深まり」方向の流れを体験したと考えられる

だろう。このことは，箱庭を言葉にする際の体験として，鮮明化型の多くの作り手が［自分自身が意識される］体験を語った結果とも重なる。つまり，箱庭を言葉にしたことによってイメージが「調和」して「固まって」感じられるようになったBさんは，イメージを明確化させるように働く言葉によって，「深い自己の体験」がなされるとともに，イメージを深く味わうことができたと言えるだろう。

事例3 Cさん（22歳男性・ストーリー化型）

箱庭制作時の様子：左上に滝を置くが，周囲に木，橋などを置いていく中で一度棚に戻す。池，松などを対角に置いた後，再び滝を置き，その後，右側の家，人の部分を作っていく。少しずつミニチュアの位置を移動させながら制作し，最後，棚をしばらく眺めるが，何も置かずに終了。14分35秒。(**写真2-3**)

箱庭についての語りの要約：欲しいミニチュアがなかったり，大きさがまちまちだったりして難しかった。コンセプトは悠々自適な暮らし。自然の中で暮らしているけど不便ではない。自然との調和みたいな。橋をかけてみたりして，ちょっと人間の手も入れてって感じで，丸太とかも人の痕跡を出そうかなって思って置いた。自然を壊さない程度に。あと，これは一つの生活空間として車で来られる感じだったら理想。ちょっと行ったら町もある。(語り時間：6分5秒)

置き直し：駅，家2つ，人6人を付け加え，家，井戸，ベンチ，犬，車，人3人を移動させる。(置き直し時間：5分23秒／**写真2-4**)

インタビューでの語り：置き直しの理由について，「一家族だけあんな中にポツンといても寂しいなと思って。将来の理想みたいな感じに思えたんで，やっぱり地域というかコミュニティーがあった方がいいなと思って増やしました」と語った。箱庭を言葉にしたことによるイメージ変容の体験については，「やっぱり言葉に出してからの方がイメージは広がったような気はしますね。手掛かりが増えたというか，もっとこうしたらいいやっていう風になりましたね。黙々とやってるだけよりも，アイディアが浮かびやすくなったかな」と語った。そして，箱庭を言葉にしている際の体験としては，「コ

写真 2-3　Ｃさん箱庭　制作後

写真 2-4　Ｃさん箱庭　置き直し後

第 2 章　制作後に箱庭を言葉にすることにおける作り手のイメージ変容の体験　　55

ンセプト」や「自然と人間の調和」などを特に言葉にしたいと感じていたと語った。

考察：Cさんに語られたイメージの広がりは，制作中になんとなく感じられていたイメージを言葉に出すことで「将来の理想」というテーマが生まれ，そのテーマからさらに「地域」や「コミュニティー」のイメージが生まれるという形で体験されており，言葉にすることでイメージが豊かになったことがCさんの実感としても語られている。このようなイメージの広がりについて「手掛かりが増えた」という表現で語られていることに注目したい。言葉にすることで手掛かりが増えたということから，自らの言葉をきっかけにイメージの広がりを感じるようになったと考えられるが，河合(1991)は「言語というものは，自我の支配するものとは限らず，多分に無意識的な面をもつということになるだろう。自我が確実に把握している内容を言語という手段によって伝えるだけではなく，言語が生じることによって，自我がその内容を知る，あるいは，内容を明確にする，ということもある」と述べており，Cさんは自ら発した言葉の無意識的な面により，新たなイメージの広がりを体験したとも考えられるだろう。このことは，他の体験型と比較してストーリー化型の作り手の多くが，箱庭を言葉にしている際に［非図的な言語化］の体験があったことを語っていた結果ともつながる。つまり，言葉による新たなイメージの生成の動きには，非意図的，無意識的に発せられた言葉が大きな手がかりとなる可能性が考えられ，言葉の「無意識的な面」の重要性が示唆されたと言えるだろう。

事例4 Dさん（23歳男性・客観化型）

箱庭制作時の様子：左下の水色のシートを置いて海を作り，貝などをいくつか置いたあと，対角に木を置いていく。海に生き物などを増やし，駅や商店街の部分を作る。その後，右下に洞窟や大仏，中央の案内板，手前で丸太に座る人，教会を置き，全体をゆっくりと作っていく。最後に海の生き物を増やして終了。36分6秒。**(写真2-5)**

箱庭についての語りの要約：縮尺がまちまちで，こう見ると結構違和感はある。鎌倉をイメージして大仏，海，山を置いた。真ん中に何を置こうか困っ

写真 2-5　Dさん箱庭　制作後

写真 2-6　Dさん箱庭　置き直し後

第 2 章　制作後に箱庭を言葉にすることにおける作り手のイメージ変容の体験　　57

て，案内するやつと待ち合わせしてる人を置いて，あとは特に置かなかった。あえて人はいろんな方向向いてるようにして，それぞれの世界を楽しんでる感じ。家族連れにしたりとか観光地っぽい感じを出したかったけど，そう考えるとベンチに子ども2人だけいるのは矛盾してる。（語り時間：3分40秒）

置き直し： 人7人と案内板，手前の丸太の位置を移動。ザリガニとカメ5匹の位置を変え，切り株を1つ追加。（置き直し時間：3分58秒／**写真2-6**）

インタビューでの語り： 置き直しの理由は「自分で真ん中空いてるって言ったのにそんなに空いてなかったんで，ちょっと空けて。それぞれの世界が固まってる感じを出せるように周辺に動かしました」，「ザリガニが密集してたんで，散らした方が色のバランスが良くなるかなと思って」と語った。言葉にしたことによるイメージの変容について，「結構考えてやってると自分では思ってたんですけど，いざ話そうとして全体で見ると，矛盾してるとかあんまり一貫性がないなっていうのに気づきました」，「客観的に見てるような感じ」と語った。言葉にしている際の体験としては，「ここ（2人が座っている手前部分）が自分でもいまいち何を目的にしてるのか」分からずうまく言葉にできないと感じたこと，「真ん中の部分は，実際は空いちゃったって感じなのに，それをあえて空けたみたいに正当化して言ってしまった」ことなどが語られ，箱庭についての語り全体について，「よっぽど意識してたことじゃないと説明できないって気付いたし，結構しんどかった」，「作ってる時は点で置いていってる感じなんですけど，全体について話す時にはその点に線を，多分通ってはいないんですけど無理やり通して説明したって感じ」と語った。

考察： Dさんの語りから，制作中は意図を持って作っていた部分であっても，言葉にすることでそのイメージから離れ，作品を物として客観視するようになっていることが分かる。箱庭を言葉にしている最中にそのような体験が起きていることは，箱庭についての語りの中でDさんが矛盾や違和感を口にしていることからも窺える。特に，「自分で真ん中空いてるって言ったのにそんなに空いてなかった」という語りからは，制作時に主観的には「空いている」と感じられていたイメージが薄れ，客観的な視点で見たときに「空いていない」と感じるようになったと考えられる。藤原（2003）は，〈臨床イメ

ージの表現としての言語〉と〈一般言語〉を区別し，前者を「こころに密着した個別性をもつ言語」，後者を「語義にしたがった共通性をもつ言語」としているが，Dさんはイメージを言葉にしようとしているはずであるのに，〈一般言語〉に近い用いられ方がされ，イメージの「こころに密着した個別性」が失われてしまったように感じられる。また箱庭を言葉にしている際の体験として，《はっきりとしたイメージがなくうまく言葉にできないと感じる体験》や《箱庭を言葉にするのに難しさを感じる体験》など，［イメージが言葉と結びつかない］体験が語られていることからも，言葉とイメージが異質で，掛け離れたものとして感じられていると言えるだろう。Dさんは，言葉の客観性によってイメージの豊かさを失ってしまい，箱庭制作体験を生かすことができなかったと言えるのではないだろうか。

8. 総合考察

これまで，箱庭制作後の作り手の体験を扱った研究はほとんどなされていなかったが，本章では，制作後の作り手の体験に焦点を当てて調査研究を行うことで，言葉にすることにおける4つの体験型を抽出し，制作後に豊かなイメージ変容の体験があることを実証的に示すことができた。制作中にさまざまなイメージの体験がありながら，制作が終了し，言葉にすると，そのイメージがより鮮明になっていったり，ストーリー性が生まれ，広がっていったり，イメージを客観視するようになったりするという変化は，制作後にも，作り手には力動的な心の動きが体験されていることを示していると言えるだろう。また，これまでイメージを言葉にすることにおいて，イメージが一義的に固定されてしまう面と新たに広がっていく面については述べられていたが，本章ではそれに加え，見守り手と共有することでイメージがそのままおさまるような体験，イメージをより深く味わうようになる体験があることが新たに見出された。イメージをより深く味わうようになった鮮明化群では，箱庭を言葉にしている際に［自分自身が意識された］体験が多く語られており，自らの中から生じてきたイメージを通して意識的にも，自分自身に向き合う体験があったと考えられる。また，ストーリー化型で見られたような言葉にすることによるイメージの広がりの体験については，言葉の「無意識的な面」が関連していることが考えられ

た。ストーリー化型の作り手は，そのような言葉の性質とイメージの自律性によって，自らは意図していなかったような新たなイメージに出会うこととなり，そのような形で自分に触れる体験がなされていたと考えられる。さらに客観視群では，箱庭を言葉にすることで箱庭を客観視し，違和感を抱く体験になっていることが考えられたが，ここでも自らは意図していなかったようなイメージに触れる体験があり，自分自身について矛盾や違和感を抱くような体験になっていたと考えられる。つまり，制作後に自身の箱庭を言葉にすることによって，意識的にも無意識的にも，自分自身に向き合ったり，意図していなかったような自分のイメージに触れたりする体験があることが考えられ，作り手が箱庭を言葉にするという時間の中において，箱庭のイメージを通して，力動的で対自的な心の動きが生じていることが考えられるだろう。

　一方で本章では，このようなイメージ変容の体験が，箱庭療法における作り手の心理的変容とどのように結びつくのかということまでは，考察は至っていない。そこに至るためには，イメージの変容と作り手の在りようそのものの変容との関連や，箱庭を通した対自的な体験の変化を，詳細に検討していく必要がある。また臨床場面での箱庭について考えると，客観化型のような体験をした作り手は，もう箱庭を作ろうとはしないのかなど，制作後のイメージの体験が次の面接にどのように結びついていくのかというより臨床的な視点，長い時間軸での視点も必要になってくると言える。そこで次章からは，本書のもう一つのテーマである関係性の視点を取り入れ，本章で明らかになった作り手の体験をもとにしながら，ここで示された課題について検討していくこととする。

❖ 文献
藤原勝紀(2003)．イメージを使いこなす．臨床心理学，3(2)，173-179．
東山紘久(1994)．箱庭療法の世界．誠信書房．
弘中正美(2007)．箱庭療法再入門．臨床心理学，7(6)，799-803．
片畑真由美（2003）．身体感覚がイメージ体験に及ぼす影響──箱庭制作における触覚の観点から．心理臨床学研究，21(5)，462-470．
片坐慶子（1984）．サンドプレイ─ドラマ法の試験的適用──ドラマについて．大阪教育大学障害児教育研究紀要，7，61-69．
河合隼雄(1969)．箱庭療法入門．誠信書房．

河合隼雄(1991)．イメージの心理学．青土社．
河合隼雄(2000)．イメージと心理療法．河合隼雄(編)．講座心理療法3　心理療法とイメージ．岩波書店，pp.1-23．
川喜田二郎(1967)．発想法──創造性開発のために．中央公論新社．
久米禎子・大谷真弓・大谷祥子(2007)．箱庭の「語り」を聴く．岡田康伸・皆藤章・田中康裕(編)．京大心理臨床シリーズ4 箱庭療法の事例と展開．創元社，pp.393-400．
久米禎子(2011)．2回の連続した箱庭制作における作り手の主観的体験の検討──印象評定とインタビュー分析を用いて．鳴門教育大学研究紀要，26，213-220．
楠本和彦（2009）．箱庭療法における体験と治癒・変容との関連．人間関係研究，8，89-118．
桑原知子(2005)．箱庭における「意識」と「無意識」．箱庭療法学研究，17(2)，1-2．
桑原知子（2010）．カウンセリングで何がおこっているのか──動詞でひもとく心理臨床．日本評論社．
三木アヤ(1977)．自己への道──箱庭療法における内的訓練．黎明書房．
森範行(2007)．箱庭物語作り法を試みた中三女子の一例．岡田康伸・皆藤章・田中康裕(編)．京大心理臨床シリーズ4 箱庭療法の事例と展開．創元社，pp.244-255．
中野江梨子（2010）．PDIの前後における風景構成法体験の変化について．心理臨床学研究，28(2)，207-219．
岡田康伸(1984)．箱庭療法の基礎．誠信書房．
岡田康伸(1993)．箱庭療法の展開．誠信書房．
大前玲子（2007）．箱庭療法における認知──物語アプローチの導入．心理臨床学研究，25(3)，336-345．
大谷真弓（2000）．心理臨床における言葉について．京都大学大学院教育学研究科附属臨床教育実践研究センター紀要，4，71-80．
田嶌誠一(2011)．心の営みとしての病むこと──イメージの心理臨床．岩波書店．

第3章
心理臨床におけるイメージとイメージを体験する主体との関係性

1. はじめに

　序章にて，「作り手が箱庭を作ったり，箱庭について語ったりする一方で，箱庭から何かを感じたり，訴えかけられたり，自身に対して思いを巡らせたりという形で，箱庭と作り手との間に相互作用が存在」しており，それを「箱庭と作り手との関係性」とすると述べた。本章では，そのような箱庭と作り手との関係性について論じる前に，イメージとイメージを体験する主体との関係性について論じていくこととする。

　イメージとは箱庭療法に限らず，クライエントの心について理解する心理臨床において非常に大切なものである。形や色，においなどさまざまな事物に伴うイメージ，他者に対するイメージ，自分に対するイメージ，過去や将来に対するイメージなど，何らかの対象に纏わって心に浮かぶもの，連想，空想されるものなど，さまざまなものを指す。そこには，その人の体験や経験，ものの見方，記憶などが反映され，個別性，私性が存在していると言えるが，もう一つ心理臨床において大切になるのは，自律性をもったイメージの存在である。このようなイメージの重要性を最初に指摘したのは，分析心理学を創始したJung, C. G. である。

　　「夢に出てくるイメージや思考連関は，決してわれわれが意識的な意図をいだいて産み出したものではない。これらのイメージ，思考連関は，自発的に発生したものであり，われわれが手を加えたわけではない。いわば，恣意性のおよばない心的活動を表している。したがって夢はもともと高度に客観的な所産であり，いってみれば，心の自然的所産なのである。」(*GW7*, §210)

Jung（1928/1982）はこのように述べ，主体の意図，意識とは異なる次元から生じるイメージの自律性に着目し，論を展開した。このようなイメージの特徴については，我が国の現在の心理臨床分野においてもさまざまな文脈において論じられ，箱庭療法はもちろん，夢や描画を扱う心理療法，プレイセラピー，イメージ療法やフォーカシングといった技法において特に，臨床事例を通してその治療的意義が見出されている。河合（1991）は，イメージと呼ばれるものとして，「1 イメージ体験そのもの　2 イメージ体験の表現　言語による表現　非言語的表現　3 外在化されたイメージ」の3つを挙げ，1，2は「内界におけるイメージ体験が既に存在し，それを表現する」のであるが，3の外在化されたイメージとは「絵画，粘土，箱庭，あるいは身体活動などによって，自分の内的世界を自由に表現してみようとするとき」に「自分でも思いがけない表現が生じてきたり，作ったイメージに刺戟されて，思いがけぬ発展や変更が生じたり，いったいなぜそうしたのかわけのわからぬうちに作品ができあがり，後で考えてみると，内界の表現として思い当たるところがある」場合のことと述べている。自分の中から生じてくるものでありながらも，イメージの自律性によって，そこから自身がさまざまなことを感じたり訴えかけられたりすること，自分のものでありながら自分のものではない体験があることが大きな特徴であると言える。さらに川嵜（2010）は，心理療法において最も重要なのは，「来談者が語る『内容』そのものではなく，その『内容』と来談者の関係性，すなわち，来談者がその『内容』をどのように体験したかであり，さらには体験とはイメージにほかならない」としている。つまり，描画や箱庭など目に見える形で表現されたイメージでなくとも，語りに表れる体験もイメージとして捉えることができ，クライエントがコントロールできるものではないが訴えかけてくるものがあるという意味で，自律性を孕んでいると考えることができる。そのような自律性をもったイメージ，そして，時に自分のものではないように感じられる他者性を孕んだイメージは，私たちを脅かすものである一方で，主体の変容に関して大きな可能性を秘めている。そのようなイメージとの関わりにおける主体の変容に迫るには，自律的なイメージとそれに対する主体がどのような在りようを成し，どのような関わりがあるのか，すなわち，イメージとそれを体験する主体の関係性に目を向ける必要があると言える。

このことは，Jung, C. G.を中心にこれまで，主に無意識と意識の関係性として重視されてきた事柄と重なるところがある。Jung, C. G.は自らの体験を元に，能動的想像法（アクティヴ・イマジネーション）という技法を発見し，自律的な無意識に呑み込まれず，無意識と対話をする意識の態度について述べた（Jung, 1928/1982；Spiegelman・河合, 1994）。また，ユング派の分析家であるNeumann（1971/2006）も，無意識と意識が分化していくプロセスを発達的に捉え，神話の観点から述べている。本章では，無意識と意識との関係性ではなくイメージとそれを体験する主体との関係性について述べることで，人間の心そのものの構造についてではなく，さまざまな技法を含む心理療法において表れてくるイメージとの関係における主体の在りようを考察することを目的とする。また本書においては，イメージの存在を感じたり，イメージを表現したり，その意味を思考したりするなど，イメージを体験しているその人を主体とする。これらを踏まえ，本章では，これまでイメージの性質，働きなどとして述べられてきたことをイメージとそれを体験する主体との関係性の視点から捉え直し，イメージとそれを体験する主体との関係性がどのようなものであるのかについて論じる。また，多くの先行研究から理論的に関係性の在りようを論じた上で臨床事例を提示し，そこからイメージとそれを体験する主体との関係性について，さらに考察を深めることとする。

　関係性という言葉は，主に人と人との関係の在りようを指す時に用いられることが多いが，イメージとそれを体験する主体との関係性として用いる場合，先に述べたようなイメージの自律性，まるで他者との関係性のようにイメージからさまざまな感覚や感情，思考が刺激されるという特徴により，イメージとそれを体験する主体との間に関係性が成り立つと考えられる。また，本書における「関係性」と「関係」という言葉の差異についてもここで述べておく。本書では，皆藤（2004）が関係性とは「あらゆるものとの関係の総体を意味する『何か』であると言うことができるであろう」と述べていることを踏まえ，イメージとそれを体験する主体の一瞬一瞬の関わりについて「関係」という言葉を用い，そのような関係の総体，関係の在りようを表す概念として「関係性」という言葉を用いることとする。

2. 自律性のあるものとしてのイメージ

　先に述べたように，イメージとそれを体験する主体との間に何らかの関係性が成り立つためには，イメージの自律性，他者性が鍵となっている。河合（1991）は，「イメージはそれ自身の自律性をもち，自我のコントロールを超えているところが，第一の特徴」というようにイメージの自律性について説明している。また浅田（2008）は，「外側のセラピストにとって，イメージはクライエントの内に生じるものとして捉えられやすいが，当のクライエントにとっては，自律性をもつ象徴的な何者かが外側から立ち現れてくるものとして機能する」として，イメージが自らの外側に表れてくるように体験されること，すなわち他者的に体験されることを強調している。

　金子（2013）は，そのような「自分自身であるという同一性の範疇の外側に存在するもの」を〈他〉とし，主体としての〈自〉との関係性について論じ，〈他〉という未知なもの，異質なものと交わること，接触することで〈自〉の同一性が確認され，主体感覚が獲得されていくことを述べている。クライエントが主体的に生きていくようになることが目指される心理療法において，主体が自律性，他者性を孕んだイメージと関わることは必要なことと言えるが，金子（2013）は同時に，その危険性についても触れている。〈他〉としてのイメージは，〈自〉の同一性を揺るがすもの，〈自〉の枠組みを傷つけるものであり，そのような揺れ，傷つきがあるからこそ新たな〈自〉の獲得へと至るのであるが，イメージの自律性，他者性があまりにも強すぎると，イメージに呑み込まれてしまうことが生じるという。そしてそれは「〈自〉が死ぬことであるといってもいい」と述べられており，あまりに大きな力を有するイメージの自律性，他者性を主体がコントロールできなくなった状態であり，それが最も強くなると精神病的な状態にも至ってしまうと考えられる。精神病的な状態において，生々しい妄想や幻覚が現実であるかのように体験されている場合，主体がイメージに呑み込まれている関係にあると考えられ，そのような状態ではもはやイメージが自律性，他者性を持ったものとして体験されることもなく，イメージとの間に境界を感じることも難しくなる。このことについて武野（1994）は，「分裂病者の自我と無意識の関係においては，『私－あなた』的な性質がまったく欠如して」おり，「私－私」的な関係になってしまうことを述べており，これはイメージ

と主体との関係においても言えることであろう。

　このように，イメージの自律性は時にそれを体験する主体を大きく脅かすものとなるが，一方でそのような自律性をもつものこそがイメージであり，主体がイメージの中にあるとする考え方もある。Hillman（1985/1993）は，以下のように述べている。

　　「イメージ——夢イメージ，空想のイメージ，詩的イメージ——の源泉は，魂自身の自己生産していく活動である。それゆえに，元型的心理学における『イメージ』という言葉は，感覚や知覚の結果であるようなアフター・イメージを指しているのではなく，イメージの表現しようとしている観念や感情を象徴的な形で代表しているような心的な構成概念でもない。実のところイメージは自分自身を超えた指示対象を何も持っておらず，自己刺激に感応するのでも，外面に関わるのでもなければ，意味論的でもない。…（中略）…イメージは主観性からや，それどころか心的な活動としてのイマジネーションそれ自体からさえも独立していることが意識されてくるようになる。…（中略）…我々がイメージしているのではなくて，我々がイメージされているのである。」

　ここでは，イメージを生み出すものとして魂の存在が想定されており，イメージとは魂そのものであり，イメージの中に主体があることが述べられている。さらに河合（2013）は，イメージが主体の中にある世界に過ぎないとするのではなくイメージ自体が世界を持っているのであり，主体がそこに没頭することで変容へと導かれていくとしている。Hillman, J. や河合のこのような考え方では，すでに主体はイメージに包まれているのであり，クライエントがセラピストとの面接の中で自身を包むイメージを知り，それを深めていくことこそが心理療法のプロセスそのものであることを示唆しているが，ここで重要となるのは，イメージに対する主体の態度である。森平（2011）は，「イメージを主体に据えるだけでも心理療法としては十分とは言えない。自我意識の側で主体的にイメージにかかわっていくという，クライエント側の主体性も大切にされるべきである」と述べており，イメージと主体との関係性において，イメージの自律性と関わる主体の在りように積極的に目を向けていく必要があると考え

られる。主体の変容に大きな可能性を秘め，しかしながら自律性，他者性を孕むイメージに，主体はどのような態度で，どのように関わっていくことができるのだろうか。

3. イメージに対する主体の在り方

　イメージに対する主体の在り方について考えるにあたり，河合（1995）による著書『明恵 夢を生きる』で述べられている，夢と明恵の関係性について取り上げたい。明恵とは鎌倉時代初期の名僧であるが，彼は生涯にわたって自らの夢を記録し続けた。夢を見る主体としての明恵とその夢との関係性について，河合は「夢を生きる」という言葉で表現しているが，「夢を生きる」とは「自分の夢を傍観者として『見る』のではなく，それを主体的に『体験』し，深化して自らのものとする」ことと述べている。一般的には，夢は受動的に見るものであり，朝起きて夢を覚えていても，そのストーリー，内容が自分にとって意味をもつものとして深く理解しようとすることは少ない。しかし明恵は，夢が自らの人生に意味をもたらすものとして日々記録し，現実生活とのつながりを見出しながら夢を主体的に体験し，現実での自分の暮らしや生き方とつなげて夢を理解することで，また自らにとって意味のある夢を見るというように，夢を通して自分自身の人生を深めていたという。「夢を生きる」という在り方については，夢を非常に大切にするというセノイ族[*1]での夢の扱われ方も，例として挙げられている。セノイ族では，主体にとって不可解なもの，恐ろしいもの，怖いものなどが夢に現れてきたことを夢み手が家族に報告すると，次に似たような夢を見た時に，それをよく見ておくように言われ，すると夢み手は，次に似たような夢を見たときにその対象に接近し，より深く夢を体験するようになるという。つまり夢を主体的に体験するとは，夢を自分自身と結びつけて理解していくことだけでなく，イメージの自律性，他者性に包摂されている状態でいながら，夢のわからなさ，自律性に主体的に関わっていくという在り方

---

*1　セノイ族とは，マレー半島に住む部族であり「少なくとも数世紀にわたって，警察，監獄，精神病院の類を一切必要とせず，すべての成員が平和に暮らしてきた」という。そして夢に対する態度が独特であるとして知られている（河合，1995）。

を意味しているのである。明恵のように生涯にわたって多くの夢を記録し、自ら深く体験していくということは、自律性を持ったイメージに対する主体の接近であり、主体が脅かされる状態と隣り合わせといっても過言ではない。イメージとのそれだけの深い関係だからこそ、夢を自分自身の人生に生かしていくことができるのであるが、「明恵がその生涯にわたって夢を記録し続けたこと、および、彼の夢に対する態度は、今日の深層心理学の知識や立場から見て、まことに卓越した精神の高さを示すものである」(河合, 1995) と述べられているように、明恵と夢の関係性は非常に高次なものであったと言える。明恵にとって、イメージはもはや他者性を持ったものとしては体験されておらず、逆にイメージの自律性、他者性に自ら接近し、入り込んでいくことで、広く自分自身として統合していたのである。

　ここまでに述べた、主体がイメージに呑み込まれているような関係、イメージに入り込んでいるような関係は、主体がイメージの中に在り、いずれも主体にとってイメージが他者的には感じられていないという意味で、イメージにそれを体験する主体が包まれ、融合しているような状態だと言えるだろう(図3-1)。そのような融合的な状態であれば、もはや主体にイメージの自律性、他者性は感じられないが、明恵と夢の関係性では、主体がイメージに入り込み、包まれながらも、一方で、そのような自律的なイメージに包摂されていることを知る視点が主体の中に存在していたと考えられる。河合(1995)は、「明恵は夢を大切にし、平常の意識よりも夢の価値の方を重く見ていたとさえ言えるのである。しかし、一方では、…(中略)…『夢から覚める』ことの重要さも強調しているわけで、このようにバランスのとれた態度をもって夢に接していたところが、明恵の特徴である」と述べている。ここでの「夢から覚める」とは、夢という自律性をもったイメージをその内側から体験しているだけでなく、それが自身にとって意味のあるイメージであることを知り、その意味を捉えているということであり、そう

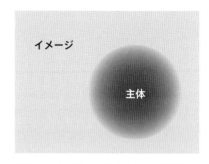

図3-1　主体がイメージに包まれている関係

でなければ，イメージを深く体験するのではなくイメージに呑み込まれてしまうと言えるだろう。このように，主体が夢の意味を捉え，しっかりと現実を生きるという態度を同時にとっていたことが，明恵と夢との関係性が高次のものであるとされる理由でもあると言えるが，では主体がイメージに包まれるだけでなく，それを捉える視点を持つとはどのようなことだろうか。

4. 主体の身体感覚

　ここで，自律的なイメージを主体が強く体験する際に生じる身体感覚について述べる。濱崎・山本（2010）は，亡くなった人が表れる夢を「悲嘆夢」とし，遺族が悲嘆夢における故人との関わりを通して死別の体験を受け入れていく過程について検討している。その過程の中で，主体の「インパクト体験」として「つないだ手のぬくもりや故人の髪の香り」など，触覚的，嗅覚的な生々しい身体感覚が体験されることがあると述べている。またイメージ療法において，自律的に動くイメージとの間で深いイメージ体験がなされた際に，身体をまきこんだ体験がなされると言われていることからも（福留，2000；田嶌，2011など），自律的なイメージによって生じる身体感覚とは，主体に強いインパクトを与え，イメージがその存在を主体に感じさせる際に，主体に体験されるものだと言えるだろう。

　さらに田嶌（2011）は「イメージといえば，私たちは視覚的なものを連想しやすいが，実際にはイメージとは視覚的なものに限らず，聴覚や触覚などの五感にそれぞれに存在している」と述べた上で，「私たちは自分というものを通常は他者と明確に区別して意識できるが，これは私たちひとりひとりが自分の身体を持っていて，五感を通してその活動を知覚していることにその基礎がある。ふだん私たちはこのことを改めて意識することはすくないが，私たちが個々に他と区別される自分の身体を持ち，重力を受けとめつつ現実の状況に対応してさまざまに活動しているということは，私たちに現実の基礎を提供するものである」と述べている。私たちは，自身の身体，その感覚があることで自他を区別し，生活できるのであるが，これはイメージとそれを体験する主体との関係性にも通じることで，現実に生きる身体にイメージが訴えかけることで，主体が現実にありイメージが内的にあることが明確となることがあると考えられる。

写真3-1　Eさん　箱庭

　第2章で論じた調査研究の中で，このような体験について語っていた作り手がいた。20代女性の作り手Eさんは，自然の中に一人の女性が寝転んでいる箱庭を制作し**（写真3-1）**，「これは夜で，（女性が）星を見てる感じ」，「充実してる感じ。（女性には）川の流れる音も聞こえるし，星も見えて綺麗。自然の音が聞こえてる。家の中には誰もいなくて（この女性は）一人。休憩できるところもあるし，この空間は自由な感じ」と語った。Eさんは，箱庭の中の女性に同一化しているかのように非常に生き生きとしたイメージを語り，さらに，星が見えることや音が聞こえることなど五感に訴えかけるイメージが感じられていることも分かる。そしてその後Eさんは，このように箱庭について語った体験について振り返り，以下のように語った。「でもこの（箱庭の）空間にいないと，伝わらないものはあるかなと思いました。（実際には）星はないし，音もないし。この情景自体をそのまま伝えるのは難しいなと思います」。イメージに没入し，身体感覚に訴えかけられるようなイメージを体験していたEさんであったが，

その身体感覚を通して，それがイメージであり，自らの内的なものであることが意識され，現実的な視点を持つようになっている。このように，イメージに伴う身体感覚によって主体が現実を意識するようになるという意味で，身体は，主体がイメージから現実へと移行していくための通過点となるのであり，桑原（2008）が「心理臨床の場における身体は，常に，現実と内面，セラピストとクライエント，自と他の中間領域と

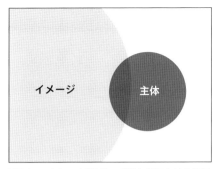

図3-2　イメージが主体の感覚に訴えかける関係
イメージと主体が分化していく関係

しての意味をもつ」と述べていることともつながるだろう。このように，自律的なイメージが主体に訴えかける時，主体の身体感覚としてイメージが表れてくるのであるが，それは同時に，イメージと主体が融合的な関係から分化していこうとしている瞬間でもあると言える（図3-2）。

5. イメージと現実

　このようにして身体を通して現実が意識されるようになるということは，主体がイメージの外側の視点，すなわち現実的視点を獲得したということでもある。橋本（2004）は，私たちの生きる世界を「日常世界」と「イメージ世界」として「クライエントは，自我のコントロールを超えた自律的なイメージに悩まされている。それまでイメージの自律性が目立たない世界（日常世界）を生きていたのが，急にイメージの自律性が強力に作用する世界（イメージ世界）を経験し，対応不能に陥って苦しんでいるのである」と述べ，さらにイメージ世界では，「個物の同一性はそれほど固定しておらず，互いに容易に『融合』する」，日常世界では「自我は，自分と自分以外のものを明確に『分離』し，自分とは何者なのか（自我同一性）を常に意識し，その内実にふさわしい一貫した行動をしなければならない」と述べている。つまり私たちは，主体がイメージに没入している時に体験する「イメージ世界」と，「日常世界」すなわち現実の両方の世界を生きているのであり，それは対象同士の「融合」，「分離」に関わって

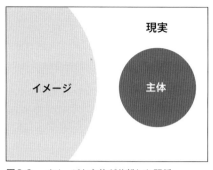

図3-3 イメージと主体が分離した関係

対照的な世界だと考えられる。イメージとそれを体験する主体との関係性の視点から考えると，主体がイメージに包まれ，融合的である関係は，主体が「イメージ世界」に没入している状態であり，イメージをイメージとして捉え，認識している関係は，主体が「日常世界」に身を置いた状態であると言えるだろう。主体が現実世界に身を置くようになると，主体とイメージは分離し，主体がイメージを対象として外側から捉える関係となるが(**図3-3**)，そのような関係を主体により強く感じさせる関わりとして，イメージを言葉によって表現することが挙げられる。

　大谷(2008)は，体験されたイメージを主体が表現しようとする時，イメージをそのままに表現することができず抜け落ちてしまう部分があることを述べている。自らの中にあるイメージを言葉によって表現する際，相手に伝える際，イメージそのものと言葉との間にずれが感じられることはしばしば体験されることである。なぜならイメージとは，視覚的な映像のようであったり，においや音，触覚などの身体感覚が伴っていたり，自分自身の記憶や経験と結びついていたりと，言葉とは異なる水準のものであるので，イメージそのものを的確に表現しようとすればする程，それを言葉に置き換えることは容易ではなくなるからである。言葉によってイメージと現実との違いを感じるということは，イメージと融合していた主体が現実に直面したということであり，主体にイメージの限界を感じさせるものとして現実が立ち現れていると言える。本書の第2章において事例4として取り上げたDさんにも，言葉にすることによって，主観的なイメージから離れ，箱庭を客観的に捉えるような体験がなされており，イメージとの間に，このような関係の変化があったと考えることができるだろう。そのように主体が客観的視点によってイメージを捉えるようになると，イメージと主体との間の距離は広がり，イメージに伴う主観性は薄れ，イメージが主体にとってとるに足らないもの，意味のないものとして捉えられる

可能性も出てくる．イメージと主体がそのような関係になっている場合，イメージの自律性は失われ，先に述べたようなイメージとの融合による主体の変容は起こらない．

　しかし，イメージとそれを体験する主体との関係性において主体が現実の存在を感じるようになることは，現実を生きる主体にとって避けられないことでもあり，決してイメージの自律性が失われるという否定的な面だけではない．大谷（2008）が「現実の次元でイメージを形にして差し出すからこそ，現実に他者と出会い，現実レベルでのコミュニケーションをとることができるのも確かである．現実の他者に出会うことを志向したとき，違和感・痛みを超えてでも混沌としたものから形を切り出そうとするというのは，ひとつの答えではないだろうか」と述べるように，現実を生きる主体にとって，イメージとの融合的な関係から離れ，現実を志向することもまた必要なことであると言えるだろう．それは，イメージとそれを体験する主体との新たな関係を意味しているのであり，主体が現実で生きていくことを見据えたものなのである．

6. イメージを内在化すること

　ここからは，現実に生きる主体が，自身のイメージと関わり，それを表現していくことがどのような意味を持つのか，心理療法におけるプロセスから考えてみたい．

　山中（2014）は，あるクライエントの心理療法過程について，死別後の故人との関係性の変容という視点から検討している．さまざまな症状を呈していたクライエントは，面接内で故人に対する思いを語ることで，故人の死を少しずつ受け入れていったと述べられており，クライエントの中で故人が「安定した形での内在化された存在として」認識されるようになったとしている．また片山（2015）は，児童養護施設でのプレイセラピー 3 事例について論じている．その中で，心理療法を終結し，社会へ出ていく際に「心理療法で生じたイメージ体験をいかにおさめるかが問題」となったことを述べ，3 事例で共通して「内在化して日常生活へともってゆくイメージとセラピストへ託すイメージを選択し，統合できないイメージをセラピストに託している」様子が表れてきたことを述べている．

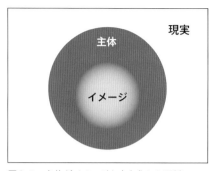

図3-4 主体がイメージを内在化した関係

山中，片山の臨床事例研究ではともに，イメージを内在化する，おさめるといった関係の在り方が記述されており，イメージとのそのような関係が，主体が現実で適応的に生きていくようになる過程の中で生じてきていると言える。主体にとってさまざまな症状やコントロールできない感情，思いが生じてくることは，自分ではどうすることもできない自律的なイメージがその存在を主体に訴えかけ，呑み込まれそうな状態になっていることと考えられるが，同時にそれは主体の変容を迫るものでもあり，イメージに主体的に関わり，イメージを形にしていくことで，少しずつイメージが主体にとっておさめられるものとなっていくという展開があったと言える。河合（1991）は箱庭療法について論じる中で，イメージを「おさめる」こと自体が治癒の働きを含んでいると述べているが，主体がイメージを内側から体験するような関係，表現することでイメージが対象化されてくる関係を経て，主体がイメージをおさめるという関係に至ることは，自らの内から生じてくる自律的なイメージを主体自身が抱えられるようになるという意味で，それ自体が主体の変容の過程であると言えるだろう。

　主体がイメージを内在化するということは，イメージの自律性，他者性を主体にとって受け入れられるものとしていくことであり，再びイメージと主体が融合しているような関係になっていったと考えることができる (図3-4)。山中（2014）や片山（2015）で述べられていたようなイメージを内在化することで現実を適応的に生きていくというプロセスは，心理療法において大切な作業と言えるだろう。

7. 臨床事例

　ここからは，臨床事例の中でイメージとそれを体験する主体との関係性がどのように表れてくるのか，それが主体の変容といかに結びついていくのかにつ

いて示すため，筆者自身の臨床事例を取り上げることとする。なお，事例の事実関係等は，事例の本質に影響のない程度に手が加えられている。クライエントの言葉を「」で，セラピストの言葉を〈〉で表す。

❶事例の提示

　クライエントは40代女性のFさんである。過去の自分が今の自分にかかわるのかどうかを知りたいとの主訴で相談機関に来談し，X-3年から前セラピストとの間で80回ほどの面接を重ねた。前セラピストの退職にあたり，X年にセラピストへと引き継ぎとなった。Fさんは，臨床心理学の本などを読んでいたことから夢に興味を持っており，前セラピストとの面接の際から，毎回夢を持参することが続いていた。セラピストとの面接においても1回目の面接の際に，ほぼ毎日記録した20数個の夢を書いて印刷したものをセラピストに渡し，いくつかの気になる夢について，Fさんなりの理解が語られた。持ってこられた夢はどれもストーリー性があり豊かなものであったが，セラピストは夢の数が非常に多いことと夢に対して語られるFさんの理解の内容から防衛的な印象を受け，一般的に夢に伴うような主体にとってのわからなさを，Fさんはあえて感じないようにしているのではないかと感じていた。
　しかし5回目の面接で，Fさんは以下のような夢を報告し，連想を語った。

夢89　私の部屋に入ると黒い影がいる。私は（どろぼうと？）叫んで，部屋を出ようとすると，追ってきた影に捕まり，階段の手すりのところでもみ合う。つかみ合いになっている。（一階から吹き抜けになっていて）足を持ち上げて一階に落とせばけがをして動けなくなっているうちに，階段のところにいる母と居間にいる父が捕まえるのを手伝ってくれるだろうと思いながらも，万が一（この影が）打ちどころが悪くて死んでしまったらどうしよう……と思ったり，私は戦って死なせてしまってはいけないのではないか？（抱き合うとか向き合うとか，受け入れるとか……）

「本の読みすぎかもしれないんですけど，よく影との統合とか書いてありますよね。だから統合すべきものとも思ってるというか。影に対して不安とか，

怖いというのはわかるんですけど，それが何なのかはわからなくて。自分自身の中にあるものなのに，わからないって何なのかなと」。

夢について「影との統合」という知的な解釈が述べられるが，同時に，影のイメージを通して，Fさんの語りの中に夢の「わからない」ものとしての側面が強く表れてくる。また3回目の面接では，母親が病気で倒れたことを話し，それを「夢で察知できたら良かったんですけど」と語っていたFさんであるが，7回目の面接では，現実の大変な状況とは関係なくいつも通りの夢が表れてくることに違和感を語り，「別の人の夢みたい」とも話した。Fさんはここで，他者的に表れるものとしての夢を体験していたと考えられる。

ここで，Fさん自身の心理的テーマについて述べると，Fさんは独身で，高齢の両親とともに生活しているが，両親の価値観を幼少期の頃から押し付けられ，自分の思うように人生を生きることができなかったとの思いが強くあり，面接内でも度々そのことについて語っていた。一方で，父親が会社を経営していたため，幼少期より金銭的には不自由のない暮らしをしており，両親に言われた通りの道に進んでいくことで家族の中で娘としての立場に留まり，守られて生活することができてきたという面もあった。私立の一貫校に通っていたことから，同じように経済的に安定した学生時代からの友人との華やかな付き合いも多く，自らの内側から湧き上がってくる生々しい感情や，厳しい現実に直面する必要がなかったのだと考えられる。しかし，40代に入ってからFさんには，きょうだいの自殺，父の会社の倒産，それに伴う大金が関わる裁判の進行といった事態が起こり，両親も高齢で，セラピストとの3回目の面接以降，母親は病気により入院することとなった。現実のさまざまな問題に自分自身で対処していかなければならず，Fさんは自身の生き方を見直す時に来ていた。しかし，唐突に突きつけられたコントロールできない厳しい現実，そのような状況にいる自分自身に向き合うことは容易なことではなく，そのことは，1回目の面接での防衛的な夢の語り方にも表れていたように感じられた。

8回目，13回目の面接では，Fさんは「夢について自分で考えても広がらないというか」，「＊先生（前セラピスト）は私とは違う夢の見方を言ってくれたりしてた」と，夢の理解をセラピストから伝えてほしいこと，夢のわからなさをセラピストに方向づけてほしいことを語るが，セラピストは，Fさんによって

報告される大量の夢に圧倒され，Fさんに求められているような夢の理解をうまく伝えることができず，そのことについても十分に話し合うことができない状態が続いていた。しかしそれ以降，Fさんは日常生活の中で，父親の病気に直面したり，裁判の対応を求められたり，兄との関係が悪化して連絡を絶たれ，両親の問題を一手に引き受けることになったりするなど，一層厳しい現実を突きつけられることが続く。それと同時に，面接で報告される夢は自律性を増し，18回目や21回目の面接では，身体感覚に訴えかけてくる夢，Fさんが感情を顕わにする夢などが表れてくる。

夢315 前方から2人のマント姿の男性。怖いなと思いながら，こんにちはと言うと，彼らは近づいてきて，一人はこんにちはという感じだが，もう一人は口を近づけてくる。私は噛まれる噛まれる……と思って見ていると私の人差し指と中指の付け根を噛んでくる。じんわり噛まれるのを感じているが，(どれだけ痛いところまで噛まれるのかなあと見ている) そんなにひどく痛くもなかったので，余裕を持って"痛いーやめて"と大きな声を出して目が覚める。

夢318 足の幅ほどの狭い階段を上る。私の体では通れないのではないかと思うくらい狭い階段だが，意外とふつうに通れる。混雑している部屋，既に席についている知人に挨拶しながら自分の席に向かう。席に着くと，前のテーブルの安達祐実みたいな若い女性が，私の後ろのテーブルに座っている友人に向かって"年を取っているから……"なにか強く断定的な口調で諭すような説教するようなことを大きな声で言っている。私はその態度に我慢できず，"いいかげんにしたら!!"と彼女を制止する。

夢315では「噛みちぎられるかと思ったけど，そんなこともなくて」とFさんが語ったように，強く生々しい身体感覚が感じられているわけではないが，夢318については「イラッとして言わずにはいられない感じだった」と述べ，この頃，身体感覚や感情が表れ，Fさんにインパクトを与えるような夢が報告されていたのが非常に特徴的であった。現実生活では今後どう生活していったらいいのか，Fさんは夢からヒントを見つけようとするも「わからない」と語り，

理解できるもの,自身が意味づけることのできるものとしての夢との関係が少しずつ崩れているように感じられた。この頃Fさんは,「外に出る気も起こらない」と抑うつ的な様子で語り,夢,現実ともに,コントロールできないものに圧倒されているような状況が続いており,セラピストはこのような状況を抱えながらも,Fさんとともに耐えるしかないという状態であった。

　そんな中,26回目の面接で,いくつかの夢についての連想や現実での状況を語り30分ほど経った時,しばしの沈黙を挟み,「現実でも夢でも,状況が変わらない,変わるのを待つしかないとかいうのばかり。今日はもう帰っていいですか?」とFさんは苛立った様子で話した。〈もう話すことがないという感じですか?〉と尋ねると「現実では裁判が動かないと何も始まらないし,待つしかなくて,毎回そのことばっかり……」と語った。セラピストはFさんのその言葉に対して,〈今はその状況を受け入れようとしている時ではないでしょうか〉と返し,これからどうなっていくかわからないという状況であっても,それを受け入れていくこと,その過程をともに進むことを共有した。

　そして30回目では,以下のような夢と連想が語られる。

夢469　空港にいる。ベージュのジャケットのずんぐりした男性がしつこくついて来て,嫌だなと思っている。階段を上がり,出発ロビーに行くと,今度は紺のジャケットのすらっとした男性がついてくる。嫌だなと思うが,スクリーンを見るとその人の顔が映っている。知的な大学教授のよう。その顔を見ると,なんで怖くないのに逃げてたんだろうと思う。

「今までも嫌なものについてこられる夢とかがあって,得体のしれないものの不気味さみたいなところがあったんです。今回は,後ろからついてこられるのが嫌,気持ち悪いというか。でも,顔が見えたら,あれ,怖くないなと」。夢89では,自分自身の中にあるのにわからないもの,怖いものとしての「影」が表れてきていたが,夢469では,コントロールできない嫌なもの,気持ち悪いものが,怖くなかったということを感じるようになり,その後少しずつではあるが,コントロールできないものに向き合い,受け入れていくという方向へと向かっていくこととなる。30回目以降も,現実で起こる家族の問題や,裁判,

お金に関わるさまざまなことを自身で対処しながら，現状を受け入れることだけでなく，Fさんが主体的に歩む自分自身の人生を模索し，その人生を生きていくため基盤を作りつつあると言える。

❷イメージとそれを体験する主体との関係性の視点から

　本事例における夢とFさんとの関係性を，イメージとそれを体験する主体との関係性として，考察を述べたい。セラピストとの面接が開始した当初は，Fさんは夢の報告はするものの，イメージの自律的な面にはほとんど触れられず，本章の2，3で述べたように，夢の自律性に身を任せ，かつ，その自律性に主体的に関わっていくという心の動きは，ほとんど見られなかった。一方で，現実においても，今の自分自身を受け入れることは難しく，両親の存在により自分のしたいことができず，自分の築きたい人間関係を築いてこられなかったこと，今も父親の会社の倒産による裁判に巻き込まれていることを，繰り返し語っていた。この時点では，本章で述べたようなイメージの自律性に関わることや，その自律性を抱えることでの心理的な変容は難しく，一方，そのような関係にある夢が面接内にたくさん持ち込まれることで，Fさんが抱える現実的な課題についても十分に話し合うことができない状態にあった。夢89をきっかけに，少しずつイメージの自律性に向き合うような心の動きが生じるが，14回目あたりからは次第に，コントロールできない現実が立ち現われてくることと，イメージの自律性が立ち現われてくることとが並行して生じ始め，Fさん自身も逃げ場がなく，それらに圧倒されるような状態に陥っていた。

　ここで，イメージの自律性として立ち現われてきていたのは，単に夢の内容のわからなさだけでなく，夢における身体感覚などを伴うものであった。本章の4において，「自律的なイメージによって生じる身体感覚とは，主体に強いインパクトを与え，イメージがその存在を主体に感じさせる際に，主体に体験されるものと言えるだろう」と述べたように，夢に伴う身体感覚は，Fさんにとって自分の内から生じるイメージの自律性を強く感じさせるものであったと考えられる。本章の4では，イメージにおける身体感覚によって，主体が現実にあることが明確になることがあると述べたが，Fさんは夢を報告するものの，夢との間でイメージを内側から体験するような関係ではなかったため，ここで

の身体感覚は，イメージの自律性の存在を主体に強く感じさせるもの，主体をイメージの中に引き入れるものとして表れてきていたと言える。また，「イラッとして言わずにはいられない感じだった」とFさんが述べたように，夢に表れてくる感情も，イメージの自律性を主体に強く感じさせるものとして，身体感覚と同様の役割を果たしていたことが考えられるだろう。

　そして26回目の面接で，イメージ，現実のコントロールできなさと，その状況から救い出してくれるわけでもないセラピストに耐えきれなくなったFさんは，そのような，イメージ，現実，セラピストとの関係性の中から抜け出したいことを示すかのように，「もう帰ってもいいですか？」と問う。しかし同時に，Fさんのこの問いは，イメージ，現実，そしてセラピストとの関係に，自ら深く関わったという瞬間でもあったと考えられるのではないだろうか。だからこそ，イメージや現実に向き合い，受け入れていくこと自体がFさんの心理的なテーマであり，それにともに取り組んでいくことをセラピストと共有することとなったと言えるだろう。

　夢469では，夢の中でFさんが，顔が見えたら「怖くない」と体験したことをセラピストとの面接において語り，それはFさんが現実に向き合っていく心の動きへとつながるものであったと言える。夢での体験を言葉で語ることについて，面接の初めの頃は，自分でわかっていることを自ら語るという面が強く表れていたが，ここでは夢での体験を言葉にすることで，Fさん自身がそれを自分のものとして，現実において受け止める体験となっていたのではないだろうか。ついてきていた男性の顔を直接見たわけではないこと，「ずんぐりした男性」は顔を見ずに残っていることから，ここで全てに向き合うことが体験されたわけではなく，また，それらと生身でどのように関わっていくかというテーマも残されているとも考えられる。しかしながら，コントロールできないものとしての夢に少しずつ深く没入していきながら，その先にあるFさん自身の人生へと進みつつある。

　Fさんの事例をイメージと主体との関係性として捉えたときに特徴的であるのは，イメージと主体との関係性における現実の存在である。本章の5で述べたように，主体であるFさんは「イメージ世界」と「日常世界」（橋本，2004）の両方の世界を生き，イメージと現実は，Fさんにとって対照的な世界である

と言えるが，現実におけるFさんの心の在りようが，イメージとの関係においても同様に表れてきていたと考えることができる。13回目あたりまでの，イメージにも現実にも向き合うことが難しい状態，14回目以降のイメージにも現実にも少しずつ圧倒されていくような状態，26回目以降の，イメージにも現実にも向き合っていこうとする状態という

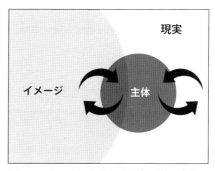

図3-5 イメージと主体との関係，現実と主体との関係において，主体の心理的テーマがパラレルに表れる

ように，両者がパラレルに表れていたのである（図3-5）。イメージと主体との関係性における主体の変容を考える上で，このような現実とイメージのパラレルな関係は非常に重要なものであると考えられる。なぜなら，現実の中で表れてくる主体の心理的テーマが，自身の内面から生じてきたイメージとの間で体験され，かつ，それはセラピストとの間で共有できる形で，面接室の中で，表れてくるからである。面接開始当初Fさんは，自身を取り巻く現実と，その状況にいる自分自身に向き合うことが難しい状態にあったが，夢89において，自分の中にあるがわからないものと向き合うテーマが表れてくることで，これまで目を向けてこなかった自分自身に向き合うという心理的テーマを体験することとなった。さらにそれをセラピストとの間で語ることによって，わからなさに自ら関わり，自身の中で抱えるという心の動きが生じていたと考えられる。反対に夢469では，イメージとの間で「怖くない」と体験したことを面接の中で語ることによって，向き合いたくない，向き合えないと思っていたものが本当は怖くないんだという体験を，現実においても受け止める心の動きが生じていたと考えられる。つまり，現実の中で表れてくる主体の心理的テーマがイメージとの関係の中で体験され，イメージとの関係の中で体験されたことが現実へとつながるというように，主体を通してイメージと現実との間で相互的な作用が生じ，さらにそこにセラピストの存在があることで，主体が変容していくことへとつながっていくのだと考えられるだろう。

　それでは，イメージと主体の関係性におけるセラピストの存在とは，どのよ

うなものとなり得るのであろうか。本章全体を通して，以下に考察を述べる。

8. セラピストの存在

　心理療法において，クライエントが自らのイメージをセラピストに語る，表現するという場面を考える。セラピストはクライエントにとって現実における他者であり，クライエントがイメージを伝えようとする相手という意味で，客観的な存在である。クライエントが自らのイメージについて言葉を使って伝えたり，言葉でのやりとりが生まれたりする前であっても，イメージを伝えようとする気持ちが動くことで，セラピストが客観的な存在として立ち現れてくる可能性がある。しかし一方で，セラピストは，クライエントと共にイメージに入り込み，共に深めていく存在，あるいは，クライエントが自らのイメージを深める作業を守る存在にもなり得る。主体が自律性を持ったイメージと関わることが，主体の変容につながることは本章においても述べてきたが，セラピストのいる心理療法場面でそのような関係が体験されることで，セラピストは時に，クライエントの主体がイメージに呑み込まれるのを防ぐ存在となること，あるいは，クライエントの主体がイメージとの間に距離を持って，現実を生きることを助ける現実的な存在となること，クライエントの主体がイメージの自律性を探求していくことの守りの存在となることがあると言える。また時に，クライエントの主体がイメージを抱えていく際のより大きな器となり，イメージとそれを体験する主体との関係において主体の変容のプロセスが，守られた中で，より深く進んでいくことを促す存在となっていると考えられる。先に示した臨床事例においても，夢89における体験をセラピストとの間で語った場面では，夢における分からなさを共有することで，セラピストは主体がイメージの自律性に関わることを支える存在になっていたと考えられる。また，夢469での体験をセラピストに語った場面では，主体がイメージについての語りを現実のものとして受け止めるための現実的な存在として，立ち現われていたことが考えられるだろう。さらに26回目に「もう帰ってもいいですか？」とFさんが言葉を発した場面では，自身の中にあるどうしようもない気持ちをぶつける対象であると同時に，イメージ，そして現実に，主体とともに一層深く関わっていく役割を果たしていたことが考えられる。

中道（2010）は，箱庭療法における関係性について考察する中で，クライエント，セラピスト，箱庭の三者関係について論じている。クライエントと箱庭との間には，クライエントが箱庭の中に表現をし，そこからフィードバックが常に起こり，その繰り返しによって作品が完成されていくという関係が存在し，クライエントとセラピストの間には治療的な人間関係があり，箱庭とセラピストとの間には，セラピストが作品からクライエントの内界のメッセージを受け取るという関係があると述べている。クライエントの作った箱庭から受け取るメッセージはセラピストが必ずしも意識できているものだけではなく，言葉にならずとも，その場で感じとった感覚，共有したイメージが大切となることもある。そのような中でのクライエントの変容を考えると，ここまで本章で述べてきたイメージとそれを体験する主体との二者の関係性の議論だけでは足らず，セラピストの主体を加えた三者の関係性，さらにセラピストに生まれるイメージを加えた四者の関係性としての詳細な検討が必要となってくる。それらが複雑に関わり合うことこそが，心理療法での変容に結びついていると考えられるが，イメージとそれを体験する主体，そこに存在するセラピストの関係性について論じていくことは，今後の大きな課題であると言えるだろう。

9. おわりに

　本章を通してイメージとそれを体験する主体との関係性について論じ，その在りよう，意味について考えてきた。個々の関係の在りようについて，あるいは，イメージの持つ力，性質として，これらの関係一つひとつは多くの先行研究によって論じられてきたが，イメージとそれを体験する主体との関係性として，そこで起きている現象を捉えることはこれまでにはなされていなかった。イメージとそれを体験する主体の関係の総体としての関係性に含まれるのはイメージと主体だけでなく，身体，言葉，現実，そしてセラピストの存在があり，関係性の視点から捉えることで，それらの意義，働きが明確に，そして自然に立ち現れてきていたと言えるだろう。それらを含みこんだ関係性において，主体がイメージとの関係の変化を体験することは，自分自身に向き合い，自らを癒していくプロセスであり，主体の変容のプロセスであると考えられる。
　一方，実際の臨床場面でクライエントに会うセラピストの一人として，イメ

ージとそれを体験する主体との関係性を考えたとき，本章で述べてきたような関係の在りよう，その変容のプロセスが明確に表れてくることは，それほど多くはないと思われる。本章で取り上げた臨床事例においても，イメージの自律性に主体が内包されるような関係には至っていなかったり，関係性の変化はゆっくりとしたペースであったりすることが見られていた。しかしこのことは，本章での議論が臨床の実際と結びついていないということではなく，イメージとの関係性の変化のプロセスにも個が表れてくるということであり，さらにセラピストとして，ここで述べてきたようなイメージとクライエントの主体の関係の在りようが理解されること，関係が変化したと感じられること自体が，心理療法における一つの大きな作業として位置づけられるからであると考えられる。イメージと主体とが融合しているような関係が考えられる中，イメージとそれを体験する主体とは，常に明白に分けられるものではなく，ここに述べた関係の在りようが全てであるとも言えないが，イメージと主体との関係の変化が浮かび上がってきた瞬間にこそ，意味があるものと考えられるだろう。

　また本章では，夢，箱庭，プレイセラピー，イメージ療法などにおいて表れてくるイメージが，自律的な働きを持ち，主体に訴えかけるものがあるという意味で同じであるとして捉え，主体との関係性を論じてきた。それぞれイメージとして同様の特徴を備えてはいるが，本書のテーマとなっている箱庭においては，本章で述べたイメージと主体との関係性の在りようがどのように表れ，どのような特徴があると考えられるのか，改めて検討する必要があると言える。それについては箱庭の三次元性という視点から，次章にて論じることとする。

　イメージとは，自分自身と切り離すことのできないものでありながら自律的であり，それまで生きてきたその人の在りようを映し出すものである。そのようなイメージとの関係性の中で，自分でありながらも自分でないと感じられるものに触れ，新たな自分の可能性が開けるという意味で，イメージと主体との関係性の中に，主体の変容可能性が存在しているのである。それは心理療法における主体の変容に結びつくテーマであり，本章で論じられたことはその一部に過ぎない。イメージとそれを体験する主体の関係性については，今後も多くの臨床事例から論じられていくことが必要だろう。

❖文献

浅田剛正（2008）．描画法におけるアセスメントと臨床イメージ体験．藤原勝紀・皆藤章・田中康裕（編）．京大心理臨床シリーズ6 心理臨床における臨床イメージ体験．創元社，pp.373-380．

福留瑠美（2000）．イメージ体験が繋ぐからだと主体の世界．心理臨床学研究，18(3)，276-287．

橋本朋広（2004）．自我とイメージの弁証法――心理療法における治癒の機序．心理臨床学研究，22(2)，140-151．

濱崎碧・山本力（2010）．死別に伴う「悲嘆夢」が遺族の喪の仕事に与える影響――夢から覚醒後の諸反応の検討．心理臨床学研究，28(1)，50-61．

Hillman, J.（1983）．*Archetypal Psychology: A Brief Account*. Dallas: Spring Publications.（河合俊雄（訳）(1993)．元型的心理学．青土社．）

Jung, C. G.（1928）．Die Beziehungen zwishen dem Ich und dem Unbewußten. *GW7*, §202-406. Olten: Walter Verlag. 1971.（野田倬（訳）(1982)．自我と無意識の関係．人文書院．）

皆藤章(2004)．投映法論――イメージと人間．皆藤章（編）．臨床心理学全書第7巻 臨床心理査定技法2．誠信書房，pp.1-46．

金子亮太(2013)．関係性についての一考察――贈与の視点から『千と千尋の神隠し』を読む．人文，12，85-102．

片山知子（2015）．心理療法の終結におけるイメージのおさめ方に関する一考察――児童養護施設における被虐待児童との三つの事例を通して．心理臨床学研究，32(6)，673-682．

河合隼雄(1991)．イメージの心理学．青土社．

河合隼雄(1995)．明恵 夢を生きる．講談社．

河合俊雄(2013)．ユング派心理療法．ミネルヴァ書房．

川嵜克哲(2010)．イメージと客観的事実，関係性と関係項．臨床心理学，10(4)，614-615．

桑原晴子（2008）．面接場面で立ち現れる身体症状．藤原勝紀・皆藤章・田中康裕（編）．京大心理臨床シリーズ6 心理臨床における臨床イメージ体験．創元社，pp.220-228．

森平准次（2011）．心理療法におけるイメージとのかかわり――イメージ・クライエント・セラピストの主体性．高崎商科大学紀要，26，191-200．

中道泰子(2010)．箱庭療法の心層――内的交流に迫る．創元社．

Neumann, E.（1971）．*Ursprungsgeschichte des Bewusstseins*. Olten: Walter-Verlag.（林道義（訳）(2006)．意識の起源史．紀伊國屋書店．）

大谷真弓（2008）．イメージが形になることの意味．藤原勝紀・皆藤章・田中康裕（編）．京大心理臨床シリーズ6 心理臨床における臨床イメージ体験．創元社，pp.283-290．

Spiegelman, J. M.・河合隼雄(1994)．能動的想像法――内なる魂との対話．創元社．

田嶌誠一(2011)．心の営みとして病むこと――イメージの心理臨床．岩波書店．

武野俊弥(1994)．分裂病の神話――ユング心理学から見た分裂病の世界．新曜社．

山中亮（2014）．青年期の故人との関係性の変容過程に関する一考察――恋人との死別を体験した女子学生との面接過程．心理臨床学研究，31(6)，999-1009．

第4章
箱庭と作り手との関係性の特徴
箱庭における三次元性に着目して

1. はじめに

　第3章では，夢，箱庭，プレイセラピー，イメージ療法などにおいて表れてくるイメージが，自律的で主体に訴えかけるような働きがあるものと捉え，イメージとそれを体験する主体との関係性の在りようについて論じた。身体や言葉，現実，セラピストの存在などが立ち現われながらイメージとそれを体験する主体との関係性が変化していき，主体がイメージの自律性に関わることや身体を通してイメージを実感すること，主体が自律的なイメージを自身におさめられるものとして内在化していくことなどが，主体の変容にとって意味を持つプロセスであると考えられた。さらに臨床事例より，主体にとっての心理的テーマがイメージとの関係においても現実との関係においても同様に表れてくることが考えられ，イメージとの関係性の体験により，主体が変容していく過程について述べた。このようなイメージとそれを体験する主体との関係性についての考察は，自律的なイメージが表れてくる箱庭療法において，箱庭と作り手との関係性として同様に捉えていくことができると思われるが，一方で，心理療法場面を具体的に想像すると，第3章で述べた関係の在りようは箱庭と作り手との関係性としてどのように表れてくるのか，心理療法における他の技法と比べて何か特徴があるのではないか，という疑問が湧いてくる。特に，夢を用いた心理療法や描画法，イメージ療法などと比べると，箱庭療法では，砂，砂箱，ミニチュアといった三次元的な用具を用いて表現することが非常に特徴的であると考えられ，本章では，箱庭における三次元性が箱庭と作り手との関係性においてどのような意味をもたらすのかについて考察を加えることとする。そして，三次元性についての議論と，本書でここまで述べてきたことを踏まえ，箱庭と作り手との関係性がどのように表れてくると考えられるのかについて，改

めて論じることとする。

2. 箱庭の三次元性
❶箱庭における身体感覚

　自律的なイメージが表れてくる夢を用いた心理療法や描画法，イメージ療法などと比較した際の箱庭療法の大きな特徴は，砂やミニチュアなど三次元のものを用いて表現されることだと言えるだろう。このことについては，「箱庭作品は視覚像として三次元的に構成される」（山本，2002），「箱庭は具体的に手で触れたり，目にしたりもできるもので，心的なものでありつつ，具体的な物になっている」（河合，2013）などと述べられ，そのような三次元性を有している箱庭の砂やミニチュアといった用具について，作り手にとってどのような意味があるのかは，これまでにもさまざまに論じられてきた。砂は，実際に触れることで退行を促すような作用があると同時に，身体や主体の感覚に訴えかける働きがあると言われており（岡田，1993），片山（2008）は「心から働きかける面の強い心理療法の中で，砂によって直接身体のほうからも働きかけることのできることは大きな利点がある」と述べている。また片畑（2003）は，箱庭における身体感覚がイメージ体験にどのような影響を及ぼすのかについて調査研究から検討を行っているが，ミニチュアに触れることで置く場所のイメージが明確化したり，砂に触れることで動的で開放的な感じが湧きやすくなったりする体験があることを述べ，「『触覚』によって，制作者の『内的な感覚』と『箱庭』とが結びつきやすくなる」と考えられたとしている。このように，箱庭が三次元的なものであって，作り手がそれに触れながら制作していく過程の中で，作り手には，触覚という身体感覚を通してイメージが刺激される体験があると言えるだろう。

　一方，山本（2002）は「実際にミニチュアを摑み，砂の上に配置していくだけでも，生の体験としての感触（ミニチュアの厚みや触感，砂の上に安定させるときに砂の発する音，同じくミニチュアを通して感知する触感）が立体的な広がりを示唆するのである。これは，箱庭制作が触覚を通して身体（実体があり，立体的である）へと働きかけるという特徴を有していることである。つまり，『箱庭』の場合，いかに平面的に制作しても，常に三次元的な示唆を含んで体験されるというこ

とになるのである」と述べている。これは，箱庭が三次元的な性質を有していることで，生の体験としての感触を伴って作り手の身体に働きかけ，実体としての箱庭の存在が作り手の前に表れてくることを示しており，箱の中で砂，ミニチュアを用いて箱庭を制作していく過程においては，目の前にあるミニチュアによってイメージが刺激される体験がありながらも，実体あるミニチュアであるということも作り手に感じられているのだと言うことができる。例えば，犬のミニチュアを手に取ったとき，自分が飼っている犬の可愛らしいイメージ，小さい頃に犬に噛まれた凶暴なイメージ，あるいは従順で素直，忠誠的なイメージなど，意識的にも無意識的にも作り手によってさまざまなイメージが刺激され，ミニチュアはそのイメージを伴ったものとなる。一方で，手に持った感触や重さ，質感，砂に置く際の音などからは，主体の内的なイメージだけでなく，実際に存在している犬のミニチュアであることが感じられているのである。このことをイメージとそれを体験する主体との関係性の視点から考えると，主体がイメージと現実を行き来するような体験，あるいは，両方の世界と常に接しているような体験があると考えることができるだろう。

❷箱庭における境界の体験

　このような体験は，精神病圏のクライエントに箱庭を導入することには慎重にならねばならないと考えられてきたこととも重なる（中井，1972；山中・武野，1981など）。井原（1993）は「箱庭の侵襲性の高さとは，三次元において表現がなされることからくる，この事実の世界とイメージの世界が共存しているという箱庭の特徴に起因しているとはいえないだろうか」と述べており，箱庭の三次元性が侵襲性の高さに結びついていることを示唆している。箱庭制作中は現実に存在しているミニチュアや砂を用いながらイメージ世界に没頭していくため，イメージと現実が交錯し，その境界が曖昧になっていく。視覚だけでなく触覚からもさまざまなイメージが刺激され，作り手のイメージの動きが活性化することが箱庭療法の特徴であると言えるが，自我境界の弱さを抱える作り手の場合，イメージと現実の区別がつかなくなってしまうことにもつながるのである。

　また，箱庭のこのような特徴について，河合（2013）はWinnicott（1971/1979）

の移行対象の概念を用い,「箱庭は具体的に手で触れたり,目にしたりもできるもので,心的なものでありつつ,具体的な物になっている。それは内的な対象でも外的な対象でもない移行対象に近いと言えよう」と説明している。三次元性を持った「具体的な物」であることにより,完全に主体のイメージの中だけのものではなくなり,「自分の中のものでもないし,またはっきりと自分から区別された自分の外にある対象でもない」(河合,2013) 移行対象のように体験されるというのである。さらに河合 (2013) は,続けて以下のように述べている。「乳幼児が移行対象に関わることによってこころの成長を遂げていくように,箱庭を作っていくうちにいつの間にか症状が取れたり,クライエントが安定していったりすることがあると考えられる。乳幼児がお気に入りの布きれで遊んでいるときに,それが母親の代理であったり,自分の何かを投影していたりすることが自覚されていないように,箱庭においてもある意味で箱庭制作に没頭することによって,箱庭自体の変化によって治療的な展開が生まれてくるのである」。つまり,第3章で述べた,イメージとそれを体験する主体との関係性の在りようを箱庭と作り手との関係性として置きかえて考えると,三次元的なものを用いてイメージ世界に入っていくという箱庭の特徴により,イメージと現実との境界に関する体験がなされやすいということ,さらには,三次元性を有する箱庭との関わりにおける作り手のイメージ体験そのものが,作り手の変容に関わるものであることが示唆されているのである。

　さらに,箱庭療法において,枠のある実際の砂箱が用いられるということにも着目したい。箱庭では,「枠外にまで世界が拡張されるときは,自我の把握し得る範囲を越えて表現がなされている危険性が高い」(河合,1969) と述べられるように,砂箱の中に世界を作っていくことが大切だとされ,それを超えようとする表現についてはセラピストによって中止されることもある。砂箱には,作り手のイメージが広がりすぎるのを守る,制限があることにより自由な表現を引き出すといった心理的な意味があり,そこには先に述べたような,箱庭におけるイメージと現実の境界を,表現の場において明確にするという役割が存在していると言える。しかし一方で,臨床場面においては,セラピストの判断によって砂箱の外側に制作がなされることもある。佐藤 (2013) では,砂箱の枠や砂箱の外にミニチュアが置かれた事例,石原 (2007) では,砂箱の中でな

く丸テーブルの上にミニチュアが置かれた事例について検討されている。石原の事例では作り手が「丸テーブルだと無限の広がりを感じました。…（中略）…いつもと違った開放感があって楽しかったです」と述べていたことが記され，セラピスト自身もこのような作り手の表現が「単に〈枠を外れた危険な表現〉であるとも言い切れない」こと，作り手にとって「とても大切な体験であったに違いない」と感じたことが記述されていた。ここで特徴的なのは，佐藤の事例でも石原の事例でも，箱庭における枠に関してこのような表現をした作り手が，もともと枠や境界に関する心理的なテーマを抱えていたと述べられていることである。しっかりと制作を見守る見守り手が存在する中であれば，砂箱の内か外かということ自体を表現の一部とした箱庭が作られ，それが作り手の主体的な表現として受け取られることもあるのである。作り手にとっては，このような表現を通して，枠を超えた表現であっても受け止めてもらえたという感覚を抱くことにつながることも考えられるだろう。もちろんその判断は，クライエントとの関係性に基づいたセラピストの判断によることは留意しなければならないが，枠の外の表現に限らずとも，砂箱という枠の存在そのものが，箱庭との間で境界に関する体験，表現がなされやすい構造を有していると考えることができるだろう。

3. 箱庭と作り手との関係性の特徴——ここまでの理論的考察を踏まえて

　ここまで述べてきたように，砂やミニチュアといった三次元的なものを用いることによるイメージと現実の両方に接するような体験，作り手にとって内的な対象でも外的な対象でもない移行対象としての体験，砂箱における境界の体験など，夢を用いた心理療法や描画法，イメージ療法など自律的なイメージが表れてくる他の技法と比較すると，箱庭はその三次元性により，作り手にとって境界に関するさまざまな体験が生じやすい特徴があると考えることができる。そのような特徴を踏まえ，箱庭と作り手との関係性がどのように表れてくると考えられるのかについて，改めて整理したい。
　まず，第3章の2，3で述べたように，自律的なイメージに没頭し，包まれるような関係，イメージを内側から体験し，入り込むような関係は，作り手が箱庭に表れてくる自律的なイメージそのものを深く体験するという形で，箱庭

と作り手との関係性において表れてくると考えることができる。一方で，箱庭の三次元性，それに伴う身体感覚によって，現実に存在しているものとしての砂，砂箱，ミニチュアの存在が立ち現われてくる体験があると考えられ，そのような体験は，作り手にとってイメージと現実との境界が曖昧に体験される危険性を含んでいるが，イメージと現実という二つの世界が体験されることで，境界に関する表現，体験がなされやすい特徴があると考えられるだろう。そして，ここで着目したいのは，第3章の4で論じたイメージとそれを体験する主体との関係性における身体感覚についてである。そこで述べたのは，自律的なイメージを強く体験することによってもたらされる身体感覚であり，第3章で取り上げた作り手Eさんに体験されていたような，五感に訴えかけるイメージなどが含まれる。そして，本章にて論じた箱庭と作り手との関係性における身体感覚とは，主に触覚など，作り手の感覚器官が実際に刺激されることによる身体感覚である。前者は，箱庭に限らず，夢を用いた心理療法やイメージ療法など自律的なイメージが表れてくる技法であれば体験されることのある身体感覚だと考えられるが，後者は，三次元性を有する箱庭の特徴として体験される身体感覚だと言えるだろう。その両方が体験され得る箱庭では，図4-1に示したように，その中間にあるものとしての身体が一層際立って体験されるのだと考えられる。

　そして第3章の5では，「イメージと現実」として主に，イメージと言葉の関係について述べた。イメージを言葉にすることによって「主体が客観的視点によってイメージを捉えるようになる」として，言葉によりイメージから主体

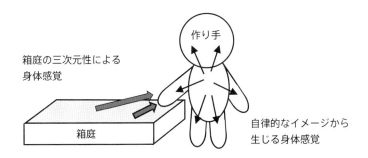

図4-1　箱庭により体験される作り手の身体感覚

が分離していくという関係の変化があることを述べたが，第2章で述べたように，箱庭を言葉にすることによるイメージ変容の体験は，作り手がイメージを客観的に捉えるということだけではないと言える。「イメージが，より『鮮明に』，『具体的に』，『整理されて』感じられるようになり」，「イメージを深く味わう」ようになる体験や，「全体としてのテーマやまとまり，ストーリー性が生まれ」るような体験があったことが示されており，必ずしも箱庭を言葉にすることによってイメージを一義的に固定することになるとは言えないだろう。第2章では，事例4として客観化型のDさんの体験を検討する中で，藤原（2003）を取り上げ，〈臨床イメージ表現としての言語〉という「こころに密着した個別性をもつ言語」と，〈一般言語〉という「語義にしたがった共通性をもつ言語」があることを述べた。前者は「内的なこころの表現からの方向に立脚」し，後者は「外的に決められた語義からの方向に立脚」するとされ（藤原，2003），このような言葉の表れ方の違いにより，言葉によるイメージ変容の体験に違いが生じるのだと考えられた。では，このことをイメージとそれを体験する主体との関係性の視点から捉えると，どのように考えられるだろうか。**図4-2**のように，主体がイメージに入り込み，没入したまま，イメージの在りように沿った〈臨床イメージ表現としての言語〉が用いられると，言葉によって主体とイメージとの間に距離が体験されることはないと考えられる。ともすれば，主体がイメージを言葉にすることでイメージの自律性に関わり，イメージが広がった，深まったと感じられるような体験が生じることともつながるだろう。しかし，外的な意味に規定されるような〈一般言語〉が用いられると，**図4-3**のように，言葉によって主体がイメージから離れ，客観的に捉えることが生じ，主体は現実へと移行し，イメージに違和感を抱く体験となるのだと考えられる。第2章では，作り手のイメージ変容の体験という視点からイメージに対する言葉の働きについて論じたが，箱庭と作り手との関係性の視点から考えると，言葉によってこのような箱庭と作り手との関係性の変化が生じ，言葉がその変化を促すような役割を果たしていることが考えられるだろう。

　さらにここで，箱庭と作り手との関係性における現実について考える上で，第3章の4で取り上げた作り手Eさんの体験を再度取り上げたい。Eさんは，自律的なイメージから感じられる身体感覚をきっかけに，イメージが自身の内

的なものであり，主体は現実にいることが明確になるような体験があると考えられた。イメージに没頭し，包まれているかのように体験していた関係から「でもこの（箱庭の）空間にいないと伝わらないものもある」という客観的な視点を得るような関係へと至っており，図3-2で示したような，イメージから現実への移行の体験がなされていると考えられることを述べた。ここで，Eさんが自身の鮮やかな内的イメージを他者にそのまま伝えることの難しさを語ったことについて，もう少し考察を進めてみると，それは箱庭との関係性のなかで浮かび上がってきた体験ではあるが，その難しさの体験が，現実を生きるEさんの在り方そのもの

図4-2　イメージに沿って言葉が用いられる際の関係

図4-3　イメージから離れて言葉が用いられる際の関係

と結びついている可能性も考えられるのではないだろうか。このように，イメージとの関係の中で表れてきた体験が主体の在り方そのものと結びついていることについては，第3章の7での臨床事例の検討を通して示唆されている。第3章の7では，箱庭ではなく夢と夢み手との関係性として論じていたが，どちらも自律的なイメージが表れてくる特徴を備え，イメージとそれを体験する主体との関係性という視点から捉えられることを考えると，箱庭と作り手との関係性においても同様に表れてくる可能性が考えられるだろう。それがどのように表れ，作り手にどのように体験されるのか，そして作り手の変容とどのように結びついていくのかについては，実際の作り手の体験から検討していくことが必要であり，次章以降にて扱っていくこととする。

　また，第3章の6で述べた，イメージを内在化するような関係についても，箱庭と作り手との関係性のなかで具体的にどのように表れてくるのか，ここまでで論じることはできていない。それは作り手の変容に結びつくプロセスであ

ると考えられることから，実際の作り手の体験から，詳細に検討していく必要があるだろう．

4. おわりに

　本章では，第3章で論じたイメージとそれを体験する主体との関係性が，箱庭と作り手との関係性としてどのように表れてくると考えられるのか，その特徴について論じた．箱庭の三次元性により，作り手の身体感覚に関する体験，それによるさまざまな境界の体験が生じてくることが特徴的であると考えられ，第2章で示した作り手の体験の語りをもとに，箱庭と作り手との関係性における言葉についても考察を加えた．次章以降は，箱庭と作り手との関係性について調査研究の視点から検討していくことで，実際の作り手の体験に基づいた箱庭と作り手との関係性について考察を進めていくこととする．まず次章では，本章までに検討してきた箱庭と作り手との関係性について，調査研究についてどのように扱っていくことが妥当と考えられるのか，その方法について検討していくこととする．

❖文献

藤原勝紀(2003)．イメージを使いこなす．臨床心理学, 3(2), 173-179.
井原彩（1993）．風景構成法と箱庭における空間の表現の特徴について．箱庭療法学研究, 6(2), 38-49.
石原宏（2007）．砂箱という仕掛け――制作者の体験を手がかりに．岡田康伸・皆藤章・田中康裕（編）．京大心理臨床シリーズ4　箱庭療法の事例と展開．創元社, pp.16-25.
片畑真由美（2003）．身体感覚がイメージ体験に及ぼす影響――箱庭制作における触覚の観点から．心理臨床学研究, 21(5), 462-470.
片山知子（2008）．イメージの重み――頭部外傷を抱えたクライエントの身体イメージに関する一考察．藤原勝紀・皆藤章・田中康裕（編）．京大心理臨床シリーズ6　心理臨床における臨床イメージ体験．創元社, pp.247-255.
河合隼雄(1969)．箱庭療法入門．誠信書房．
河合俊雄(2013)．ユング派心理療法．ミネルヴァ書房．
中井久夫(1972)．精神分裂病の寛解過程における非言語的接近法の適応決定．芸術療法, 4, 13-25.
岡田康伸(1993)．箱庭療法の展開．誠信書房．
佐藤仁美（2013）．心理療法過程において生きられる空間とその枠作り――リストカット事

例を通して.箱庭療法学研究,25(3),65-78.
Winnicott, D. W.(1971). Playing and Reality. London: Tavistock Publications Ltd.(橋本雅
　　雄(訳)(1979).遊ぶことと現実　現代精神分析双書第Ⅱ期第4巻.岩崎学術出版社.)
山本昌輝(2002).「箱庭」と「こころの包み」.箱庭療法学研究,15(1),3-16.
山中康裕・武野俊弥(1981).箱庭療法,その技法と適応.大森健一・髙江洲義英・徳田良仁(編).
　　芸術療法講座3　芸術療法の諸技法とその適応決定.星和書店,pp.41-60.

第5章
箱庭と作り手との関係性を表現するための方法
関係性を非言語的に表現すること

1. はじめに

　ここまで，自律的なイメージが表れる箱庭とそれを体験する作り手との関係性がどのようなものであるのかについて論じてきた。ここまでに述べてきた関係の在りようが，実際に箱庭と作り手との関係性としてどのように表れてくるのか，それが作り手の変容とどのように結びついているのかということについては，調査研究を行うことで，実際の作り手の体験から詳細に検討していく必要があると考えられる。一方，箱庭から感じられるイメージに入り込んでいるような体験やイメージによる身体感覚の体験，イメージと現実との境界の体験やイメージを内在化していくような体験など，ここまでに述べてきた箱庭との関係性における体験は，作り手に意識的になされているものばかりではなく，言葉になりにくい体験も多く含まれていると考えられる。このようなことから，箱庭と作り手との関係性を調査研究によって扱うにあたっては，箱庭との関係を言葉によって語ってもらうだけでなく，方法の工夫が必要になってくると考えられるだろう。イメージとそれを体験する主体との関係性を調査研究にて扱った先行研究は見当たらないが，本章では，本人にとっても意識的には表れにくい曖昧で複雑な「関係性」を取り上げ，調査研究にて扱っている方法について広く概観し，そこから，箱庭と作り手との関係をどのように表すことが妥当であるかについて検討していくこととする。

2. 関係性を非言語的に表現すること

　関係性とは，心理臨床の分野において特に重要と考えられてきた概念である。

人と人との関係の在りようは，その人の心の在り方に直接結びつくものであり，心の変容を考える心理臨床において見逃すことのできないものである。また関係性は，さまざまな場面で，さまざまな対象同士の間に存在しており，人々の心の病や現代社会に起こる多くの問題にも，関係性のテーマが大きく絡み合っていると言える。一方で，その関係性がどのようなものであるか，関係性そのものについて明確には述べられていない。なぜなら，皆藤（2004）が「『関係性』とは何かを語ることは非常にむずかしい。語ることで切断してしまうからである」と述べるように，言葉によって定義することのできない複雑なつながりの広がりであり，曖昧であることが関係性の意味を成しているとも言えるからである。それにより，関係性は定義することすら難しく，調査研究のなかで扱うことは特に難しいように考えられる。ここで述べている関係性とは，対象同士の関わりの在りようのことであるが，それは私たちの目に見えるものではなく，普段はあまり意識されることも少ないため，言葉などによってはっきりと語ることも難しい。家族関係や友人関係など，対人関係における関係の在りようについて，質問紙等を用いて測定している研究も多くあり（草田・岡堂，1993；岡田，1995；水本・山根，2010など），関係性のある側面に焦点を絞って取り上げたり，他の心理特性との結びつきが研究されたりしているが，一方で，関係性の力動的側面や感覚的側面は扱われにくいと考えられる。このような難しさの中，より実際の関係性の在り方に添った方法として，同時に，調査研究という枠組みにおさまる方法として用いられているのが，関係性を絵や図などの非言語的手法によって表現する方法である。

　やまだ（1988）は，関係性を非言語的なイメージとして表現してもらうことについて，5つの利点を挙げている。1つ目は「知的な説明よりも，素朴だが根の深い感性に基づいて表現されるので，より本音が現れやすい」こと，2つ目は「意図的に自己防衛したり，ステレオタイプの表現からまぬがれやす」く，「絵と言語で説明してもらったものとを比較すると，絵の方が生き生きしていることが多かった」こと，3つ目は「瞬間的に全体を把握できる」こと，4つ目は「日本人に特に適した表現形式である」こと，5つ目は「文化の比較をするのに力を発揮する」ことである。つまり，関係性を取り上げる際に問題となる複雑さや曖昧さ，力動性，無意識性，個別性を考えると，非言語的に表現するという

方法は，少なくとも言葉を用いる方法と比べ，より本質に近いものが表現されやすいと考えられる。ではここからは，関係性を非言語的に表現する手法にどのようなものがあるのか，さらにその中では関係性がどのように捉えられ，どのような要素が見出されているのかについて，検討していくこととする。

3．家族の関係性
❶ FAST

　まず，関係性を非言語的に表現してもらう方法の代表的なものとして，家族の関係性について取り上げたい。築地（2005）は，家族関係構造の査定法を概観し，クライエントが捉えている家族メンバー同士の関係を見る方法に，空間表象によって家族の関係を表現する方法があることを述べている。人間関係をイメージとして表す方法の発端となったのは，Kuethe（1962）のシンボル配置技法であり，「フェルト生地の人型や長方形などの図形を，被験者が自由に粘着性のあるボードに配置」（築地，2005）することで，図形に見立てた人同士の距離について検討されている。また日本では，八田（1977）によりDoll Location Test（DLT）が開発されている。これは，「ミニチュアの人形を円が描かれた盤上に配置させ，クライエントの家族を含む人間関係を把握しようとする」方法であり，ここでも「人形間の距離」によって「対人間の親密さ」（築地，2005）が捉えられている。

　そしてその後，家族心理学の流れを基に開発されたのが，Gehring & Wyler（1986）によるFamily System Test（FAST）である。これは，9×9の格子が描かれたチェスボードのような盤上に，男性，女性を示す2種類の木製の人形を配置することで，家族関係を表してもらう方法である **(図5-1)**。FASTは，「人形の下にブロックを重ねることにより，高さに変化がつけられるようになっている」（築地，2005）ことが特徴的である。人形間の

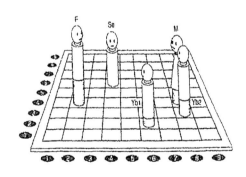

図5-1　FASTの配置図（築地，1999より）

距離によってメンバー同士の「凝集性」を表現するとともに，人形の高さによってメンバー間の「階層性」を表現できるとされている（中見・桂田，2007）。中見・桂田（2007）は，この凝集性と階層性にさらに説明を加え，凝集性は「家族メンバー間の情緒的な結びつきあるいは愛情」，つまり，それぞれのメンバーがどれだけ近いと感じているかといった心理的距離，情緒的距離のこと，階層性は「権力」，「決定力」，「他の家族メンバーへの影響力」としている。

　ここでFASTにおいて特徴的なのは，家族の関係性が立体的に表されていることであろう。FASTで表されることが想定されている凝集性と階層性のうち，高さによって家族メンバーの階層性が示されているが，決定力を持つこと，影響力を持つことを意味する階層性とは，主に家族における父性的役割の強さに関連するものであると考えられる。中見・桂田（2007）では，この階層性に焦点を当て，日本の大学生を対象に妥当性を検討しているが，「『凝集性』と『階層性』を同等の2軸として捉えるのではなく，『階層性』を付随的に捉える方がよい」という結果も導かれており，階層性が，西洋における家族関係を表す際に特に重要となるが，日本においては凝集性，すなわち，メンバー間でのつながりの方が特に重要となると考えられる。ここでは凝集性という言葉が用いられ，メンバー個々のつながりの強さについては問題にされていないが，家族メンバー間での心理的距離は，FASTで表される関係性において，我が国で特に重要な要素になっていると言える。

　池田（2000）は，日本人大学生の独立意識と家族構造認知の関連について調査を実施しているが，そこでは家族構造認知を把握するため，質問紙型のFASTが用いられている。質問紙型のFASTとは「①（中略）マス内に家族メンバーを示す記号（例えば，父親：P，母親：M，第1子：C1，第2子：C2）を配置することによって，家族の現在の状況を表現できるものであること，②記号間の距離がお互いの親密さを表し，二つの記号が隣り合っているときにはふたりがとても親密であり，二つの記号が遠ざかれば遠ざかるほどお互い気持ちの上で離れていることを意味すること，③家族メンバーの向いている方向を矢印によって示すこと，④家族メンバーの持つ力や影響力を，記号を円で囲むことによって表現することができ，円の数が多いほどそのメンバーの影響力が大きいことを示していること」とされている。立体型のFASTと異なり，平面にすること

で簡易にデータを収集できるとしているが，立体型FASTの高さで表されていた階層性は，ここでは「影響力」として，円の大きさによって表されている。また池田（2000）では，「家族メンバーの向いている方向」を表すことが教示されていた。立体型FASTでも，人形に顔がついていることでそれぞれのメンバーが向いている向きを表すことができたが，中見・桂田（2007）では，あくまで距離による凝集性と高さによる階層性に焦点が当てられており，向きについては触れられていなかった。池田（2000）でも，向きに関しては分析の対象とはなっていなかったが，対象同士の間に相互作用が起こることによって，関係は少しずつ変化していくものであり，メンバーそれぞれの意識の方向も重要な意味を持っていると考えられる。

❷ FIT

　そして，家族の関係性をイメージとして表してもらう方法としてもう一つFamily Image Technique（FIT）がある。FITとは，「個々の家族が自分たち家族にどのような視覚的イメージを抱いているかを明らかにする」（亀口，2003）方法であり，「五種類の円形シールを個々の家族メンバーに見立てて，用紙上に印刷された正方形の枠内に配置するように被験者に求める」ものである（図5-2）。「シールの色の濃さで家族メンバーの強さ（元気の良さ・発言力の強さなど）」を表現し，「『＞』印で表現される鼻によって，家族メンバーの向いている方向」を表現できるようになっている。また，「家族メンバー同士の結びつきが強い場合は太い線で線を引き，結びつきが普通の場合には実線，結びつきが分からない場合には点線を引く」ようになっている（柴﨑ら，2001）。さらに亀口（2003）では，シールの位置により夫婦関係を「夫優位ヨコ型」，「妻優位ヨコ型」，「夫優位タテ型」，「妻優位タテ型」，「ナナメ型」の5つのタイプに分け[*1]，

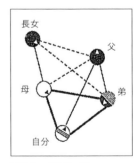

図5-2　FITの一例
（亀口，2003）

[*1] 「夫優位ヨコ型」は，夫婦が横並びに配置され，夫が左側にいる場合，「妻優位ヨコ型」は妻が左側にいる場合。「夫優位タテ型」とは，夫婦がタテに配置され，夫が上部にいる場合，「妻優位タテ型」とは，妻が上部にいる場合。「ナナメ型」とは，夫婦が斜めの位置に配置された場合。

シールの位置によっても関係性の意味に違いが表れることを示している。FITを用いて小学生の家族イメージについて研究している新藤ら（2002）においても，父親，母親，自己のシールの位置によって，「父親権威型」，「母親権威型」，「自己権威型」，「父子密着型」，「母子密着型」，「疎遠型」に分けて検討している。つまりFITでは，シールの色，方向，位置，シール間に引かれた線の濃さという4つの要素により，メンバーの強さ，メンバーの向いている方向，関係性のタイプ，メンバー同士のつながりの強さを表現できると言えよう。このことについては，前出・島谷（2004）においても検討されている通りである。また小岩（2006）は，家族イメージに関するPAC分析を実施し，その前後でのFITの変化について事例の中で検討しているが，ここでのFITは，シールがモノクロの濃淡ではなく，「青，水色，緑，黄色，白」の5色を用いているところが特徴的である。理解の仕方は濃淡によって表現されるものと同様で，青から順に「家族内でのパワーイメージの強さ」を表すとしているが，この5色を使用した意図などは述べられていなかった。このようにFITでは，先のFASTと比較し，家族全体の凝集性だけでなく，メンバー同士の個々のつながりの強さが線によって表されるようになっていた。また，シールの色の濃さでそれぞれのパワーを表すと同時に，位置によっても，家族のより複雑な関係が表され，パターンとして理解することが可能となっていると言える。

　また亀口（2003）では，FITの教示の際に「シールの色（濃さ）の違いは，力（発言力，影響力，元気のよさなど）の差を表します」，「シールについている鼻のような印（▽とか▼）は，家族の人がよく向いている方向に向けてください」，「家族内の2人（父―母，姉―自分など）が，それぞれどのような関係であると思うか，下の3種類の線を使ってつなげてください」というように，表現のどの要素が何を表すかを明確に教示しており，より意識的に感じられている家族の関係を目に見える形で表すものであると言えるだろう。中坪ら（2006）で述べられているように，FITによって，家族の関係がクライエントにとって目に見えて明らかになり，語られやすいという面もあると思われるが，その図が何を表すかを予め教示することにより，関係性の意識的な部分がより多く含まれると考えられる。この点について原田ら（2009）は，FITと動的家族画（KFD）[*2]を比較することで，次のように考察している。

「FITには『シールの色』がもつ意味のように教示される項目と，『シール間の距離』がもつ意味のように教示されない項目があることから，半構造的な刺激であるといえる。そして，クライエントは家族の捉え方を家族のパワーや心理的距離といった概念にまとめることで，自らの家族イメージの特徴を読み取ることも可能である。しかし，家族イメージの表現される幅はKFDよりも狭く，限定されている」。

さらに，両者の違いとして，KFDではこうありたいという欲求が表れていたが，FITではそのような欲求は読み取れなかったという結果が見られており，「FITでは表現される家族力動が限定されるため，欲求は読み取りにくいが，KFDでは自由度の高い教示によって無意識的な欲求が描画の中に表現される可能性が高いと考えられる」（原田ら，2009）と考察されている。つまり，FITのようなより構造的で自由度の低い表現では，意識的で客観的に捉えられた関係が，KFDのような非構造的で自由度の高い表現では，無意識的で主観的に捉えられた関係が表れやすくなると言えるだろう。一方でKFDは，投映法としての側面が強く，無意識的に抱いている家族イメージは表現されるが，家族メンバーの関係に特に視点を絞って取り上げるには，FITの特徴が生かされると言えるのではないだろうか。

さらにFITは，家族カウンセリングの経過の中で実施されることも多く（亀口，2003），アセスメントとして面接の中で何度か用いることで，その変化を見ていくことができるという特徴がある。不安定，不均衡な関係，安定しバランスのとれた関係が目に見えて分かりやすく，心理療法のプロセスの中でその変化を見るためには有効であると言えるだろう。関係性とは絶えず変化しているものであるが，FITによって，その瞬間の関係が捉えられるということ，その変化が捉えやすくなるということが言える。

---

*2 動的家族画（KFD；kinetic family drawings）とは，Burns, R. C. と Kaufmans, S. H. によって導入された，動的要素を含んだ家族画である。「あなたを含めて，家族の人たちがなんらかの行為をしているところを描いてください」と教示を行う。動的な要素が導入されていることについては「静止的な描画表現よりも，彼らの内面にある協調，親和，対決，攻撃，回避，葛藤などが視覚化されて，とらえやすい」とされている（加藤，2004）。

❸ **家族箱庭**

　家族の関係性を非言語的に表してもらうものとして，我が国ではFASTや，特にFITが多く用いられていると言えるが，もう一つ，胡（2013）による「家族箱庭」という方法が独特で示唆的であり，ここで取り上げたい。これは，**図5-3**のような画用紙の上に，牛，馬，サル，犬，貝など，検査者が「あらかじめ任意に選んだ23種類の動物駒」から家族メンバーに合う動物を選び，置くことで，家族の関係の

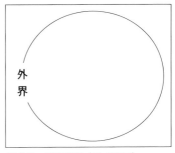

図5-3　家庭箱庭（胡，2013）

在りようを表す方法である。完成後，検査者は「使われた駒の意味と選んだ理由」を尋ね，「家族成員間の結びつきの強さについては7段階（1.非常に弱い～7.非常に強い）による評定を求め，さらに，家族成員間にある感情について自由に記述」してもらっている。このような方法が用いられたことの意図の一つは，「外界」を表すことができることである。胡（2013）は，シンボル配置技法のFAST，家族関係単純図式投映法，家族イメージ法を取り上げ，「いずれも家族内の関係性を把握することに重きを置いている」が，「その内部で動きが絶えず生じると同時に，家族システムより大きなシステムとしての外部の世界との関わりも絶えず生じる」として，家族の外界も表すことができるように家族箱庭を設定している。胡（2013）は，この家族箱庭を用いて，中国の家族イメージと日本の家族イメージを比較しており，日本では外界の駒によって表されたものは「祖父母」の1種類のみであったが，中国では「①隣人のように特定できる具体的な人物，②よく家に来ている人たち，親しい友人，嫌な人，恋しい人，支えてくれる人々など特定できない人物，③仕事，困難，未知な物事といった抽象的な概念，④飼っているペット，⑤道端の石とか，草を食む馬といった風景を構成する駒」という5種類が見られたことが述べられていた。一方で，外界に向けて駒が置かれるという配置は日本の方が多く，家族と外界の接し方，家族の関係性としてのまとまりの捉え方に両国で違いがあったとされている。家族内部だけを表現してもらうことと違い，あえて外界を提示し，その中での家族の関係，外界とのつながりを表現してもらうことで，そこで表れる関係が，

外側の視点を意識したものとなると考えられる。また，そこで表された家族関係の変容を考える上では，焦点が当てられた関係の外側にあるもの，外側との関わりも必要と考えられ，関係の「外界」の存在を視野に入れた方法として特徴的であると言えるだろう。また，ここでは家族成員間にある「感情」について，「肯定的」，「否定的」，「両価的」，「中性的」の4つから選択し，記述してもらっており，関係性における感情の面も捉えているとことが分かる。さらに，それぞれのメンバーを表す駒も選択することができた。これは，ここまでに述べてきた方法で見られた「階層性」や「影響力」の強さの表現にも関連すると思われるが，そのメンバーに対して投映されているイメージも同時に知ることができるものであると考えられる。このように家族箱庭では，FASTやFITで表されていた要素に加え，関係性における外界，感情，メンバー個々に投映されたイメージなどを表現できるものであると言えるだろう。

4. 母子の関係性

　次に，母子の関係性について取り上げたい。母子の関係性は，乳幼児からの発達過程を考えたときに，私たちの最も基本的な関係性であり，さまざまな他者との関係性を結ぶ際の基盤になるものと考えられる。やまだ（1988）は,「私」，「自分」とはどのようなものであるかを研究する中で，「自己の像を，それだけ単独でとりだすことはできないのではないだろうか。それはいつも関係の束のなかに埋め込まれており，関係概念としてしか把握できない」と考え，「母と私」の関係について調査研究を行っている。女子大学生約1500人を対象に「幼いときのあなたとおかあさんの関係をイメージして自由に絵に描いてください」という教示によって，絵を描いてもらうというものであった。その結果得られた母子の関係の在りようの表現をまとめ，**図5-4**が提示されている。その中で，左上にある「つつむ母といれこの私」という在りようが，日本文化における母子の関係として特に重要であるとして，やまだ（1988）では特に取り上げて考察されている。「つつむ母といれこの私」の状態とは，「母は私より大きい」，「私は母のなかに入って生きている」，「母は私を包んで守ってくれる」という意味があり，包まれることが肯定的感情で説明されていたと述べられている。このように，包むという関係，一方がもう一方の中に入っているような

関係のイメージは，先に述べたFASTやFITなどの家族の関係性を表す方法の中では見られず，そもそも方法として，このような関係を表現してもらうことは意図されていなかったと考えられるだろう。このような，包む，包まれるという在り方は，関係性の母性的な側面であると考えられ，母との関係をイメージしたからこそ中心的に表現されたとも考えられる。また，表現されたのは幼いときの関係であったため，母子のより密接で共生的関係のイメージが元となって表現されたと言えよう。また，やまだ（1988）では詳細には述べられていないが，図5-4で挙げられている他の関係についても考察を加えたい。まず全体として，母は大きく，「私」は小さくイメージされており，「私」にとっての母の存在の大きさが示されていると言えるだろう。また，「そそぐ母とあおぐ私」，「おとす母とうたれる私」，「いく母とおいかける私」，「むきあう母と私」，「ならぶ母と私」，「みおくる母といく私」の6つでは，イメージ図の中に矢印が含まれ，表現された関係の中で，子，あるいは母の向きが重要になっていることが分かる。さらに「いく母とおいかける私」，「みおくる母といく私」では，向きだけでなく，その関係の中に両者の動きが含まれている。このことは，FASTやFITにおいて，向きが関係性の一つの要素となっていたこととも重な

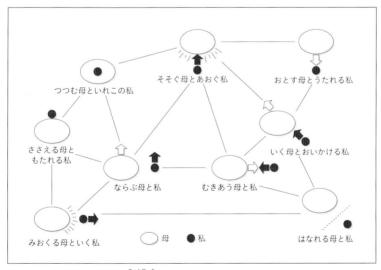

図5-4　さまざまな母子関係の網目（ネットワーク）（やまだ，1988）

第5章　箱庭と作り手との関係性を表現するための方法　105

り，それぞれの心の動きの先が表れ，両者の関わり方を表す重要な要素であることが分かる。そして母と私の距離に注目すると，「つつむ母といれこの私」，「ささえる母ともたれるは私」以外の7つでは，母と「私」の間に，ある一定の距離が存在しているようである。一方で，「ささえる母ともたれる私」では距離がなく，くっついている状態，「つつむ母といれこの私」では両者が重なり，入り込んでいる状態となっていることが分かる。つまりここでは，両者の向き，動きがあるかどうか，距離があるかどうかによって関係の違いが表れ，それが**図5-4**のような形で，非言語的にシンプルに表されたと言えるだろう。やまだ(1988)は，関係性における母性的な面を含め，ここで表れてきた関係の在りようについて，「原理的な意味での二者関係のあり方，さらには人が自分のまわりのものをどのように認識し，それとどのような関係をもって生きていくかという世界観の問題につながる」と述べており，母と子の関係性のみならずさまざまな対象との関係性において，このような在り方が考えられることを示唆している。

5.「本当の自分」と「本当の自分ではないような自分」との関係性

　それぞれの人の存在の大きさ，向いている方向，位置，距離，包み，包まれる在り方など，ここまでに示してきた非言語的方法によって表される関係性の要素は，人と人との関係性の中だけで表現されるものではないことが，以下の研究において示されている。

　高木(2002)は，「人は自己に対するさまざまなイメージを通じて自らを把握する」と述べた上で，「外界に適応するために形成された自己の側面」を「借り物の自分」とし，「『本当の自分』と『借り物の自分』という異なる側面について，青年期においてそれぞれが，あるいはそれらの関係性がどうイメージされているか」を検討している。その中で，両者の関係性をイメージとして表してもらう方法を用いているが，その方法は，「『本当の自分』を表す円を呈示し，そこに『借り物の自分』を描き加えることで，『本当の自分』に対する『借り物の自分』の関係構造をどうイメージしているかを表現してもらう」方法であった。その結果，関係の在り方は，大きく6つのパターンに分けられている。1つ目は「借り物の自分」が「本当の自分」の内側にあるイメージ，2つ目は「借

り物の自分」が「本当の自分」の外側にあり「本当の自分」から分離しているイメージ，3つ目は「借り物の自分」が「本当の自分」の外側にあるが「本当の自分」とつながりをもっているイメージ，4つ目は「借り物の自分」が「本当の自分」の周りを完全に囲むイメージ，5つ目は「借り物の自分」が「本当の自分」の周りを部分的に囲むイメージ，6つ目は「借り物の自分」が「本当の自分」と重複するイメージであった。また高木（2006）においても，青年期における「本当の自分」と「本当の自分ではないような自分」[*3]という異なる自己像の関係性イメージを同様の方法で探っているが，そこでも同じ6つのパターンが生成されていた（**表5-1**）。

　このように6つのパターンを見ると，全体として，内側にあるか外側にあるか，囲んでいるか，重なっているかという点が関係性の要素として重要となっており，これまで述べてきた，それぞれの存在の大きさ，向き，両者の距離といった点は，ほとんど問題になっていなかった。このことは，関係性を結ぶ対象が自分とは区別される他者であるのか，「本当の自分」とは違っても自分の一部として感じられているものであるのか，という点に起因していると思われる。自分とは区別される他者との関係性であれば，対象は多くの場合，自分の外側にあり，分離したものとして感じられ，それぞれが独立し，向きや位置を定めるように表現される。しかし，「本当の自分」とは違うと感じられていても自分の一部と捉えられているものとの関係性であれば，それが「本当の自分」と重なるのかどうか，重なるのであればいかに重なるのか，いかに囲まれるのかという点が中心に表現されるのだと考えられる。やまだ（1988）で見られた幼少期の母子の関係性においても，客観的にみると母と子は区別される他者であるが，一方で母子の主観的には，自分の一部として感じられるような融合的な関係とも言えるのであり，それにより，包み，包まれる関係が表されていたのだと考えられるだろう。また「本当の自分ではないような自分」が「本当の自分」を「囲む」という表現は，やまだ（1988）の「包む」，「包まれる」の関

[*3]　「本当の自分ではないような自分」とは，「青年期に現れると推測される自己の中の非本来の異質な側面」であるという点で，高木（2002）の「借り物の自分」と同様であるとしているが，「借り物」という表現がネガティブなイメージや限定されたイメージを与えやすいことから，高木（2006）では「本当の自分ではないような自分」としたと述べられている（高木，2006）。

表 5-1 「本当の自分」と「本当の自分ではないような自分」の現在の関係性イメージ（高木，2006 より）

上位カテゴリー	下位カテゴリー	
「本当の自分」の内側にある		
「本当の自分」の外側にある	「本当の自分」の外側にあり離れている	
	「本当の自分」の外側にあるが，つながりをもっている	
「本当の自分」の周りを囲む	完全に囲む	
	部分的に囲む	
「本当の自分」と重複する		
	一致する	

係性と類似したイメージを表していると考えられるが，「囲む」と「包む」の言葉の違いにも表れているように，やまだ（1988）ではそのような在り方に，多くの調査協力者が肯定的な意味を付与していた。しかし高木（2002；2006）では，かならずしも肯定的な意味とは限らず，「本当の自分」が「借り物の自分」，「本当の自分ではないような自分」に覆われるという否定的な意味が込められていたことも考えられる。

6. 総合考察
❶先行研究を通して

　ここまでFAST, FIT, 家族箱庭,「母と私」の関係性描画,「本当の自分」と「本当の自分ではないような自分」との関係性描画という主に5つの方法によって，用いられた方法の性質とそこで表されていた関係性の意味について述べてきた。焦点が当てられている関係性の内容，用いられている方法の詳細はそれぞれで少しずつ異なっていたが，関係性が非言語的に表現される際にどのような要素が重要となっていたのか，ここで一度整理したい。

　まず1つ目は，表現される関係性に含まれている対象個々の影響力，パワーなど，その関係性に占める存在の大きさである。FASTでは「階層性」，FITでは「元気のよさ・発言力の強さ」というように述べられており，それぞれ，人形の高さ（あるいは円の大きさ），シールの色の濃さによって表現されていた。2つ目は，対象同士の距離である。FASTでは家族の「凝集性」として，FITではメンバー同士の距離として，「本当の自分」と「本当の自分ではないような自分」との関係性描画では「本当の自分ではないような自分」が「本当の自分」の外側にある際に，分離しているかつながっているかの違いとして述べられており，いずれも表現するための人形，シール，絵の距離によって表現されていた。また，FITではそれに加えて，対象同士をつなぐ線によって結びつきの強さも表されていた。3つ目は，対象の向きである。FASTでは人形の顔の向きによって，FITでは「＞」が示す鼻によって，「母と私」の関係性描画では矢印によって，それぞれが向いている方向の先が表されていた。4つ目は，位置である。FITにおいて特に焦点が当てられており，表現できる空間のどこに対象が配置されるかということによって，関係性の中における個々の存在の意味が異なっていると考えられた。5つ目は，対象が別の対象の内にあることである。「母と私」の関係性描画,「本当の自分」と「本当の自分ではないような自分」の関係性の表現において見られ，必ずしも自身と分離した対象として捉えられず，自身の一部として，あるいは融合的な関係として感じられている際に表されていたと考えられる。またこれらの要素に加え，胡（2013）で述べられているように，関係の在りようを捉える上でその外界を捉えることも大切であると考えられ，特に関係の変化のプロセスを捉える際には，関係性の外界に何

が存在していて，さらにそれとはどのような関わりがあるのかという点にも目を向ける必要があると言えるだろう。さらに，関係性を表現する者の感情，感覚も，関係性を表現するものの体験が直接的に表れる要素であるとして，関係性において重要な意味を持つと考えられる。

❷ 箱庭と作り手との関係性を表現するための非言語的方法

　ここまで家族の関係性，母子の関係性，本当の自分と本当の自分ではないような自分との関係性を表現してもらう方法をそれぞれ検討してきたが，対象それぞれが有するパワーや影響力，対象同士の距離，対象の向き，位置，対象が別の対象の内にあること，外界との関わり，感情，感覚といった表現により，関係性が非言語的に表現されることが示された。非言語的な方法により，本来言葉になりにくく曖昧な関係性がわかりやすい形で表現されており，ある一瞬を切り取ったような関係が表現されると同時に，その後の関係の変化を予感させるような力動的な側面が表れてくることから，複雑さや曖昧さ，力動性，無意識性，個別性を有する関係性を表現することに適していると考えられるだろう。

　ここで，第4章までに検討してきた箱庭と作り手との関係性を調査研究にて扱うことを想定すると，作り手が箱庭におけるイメージに入り込んでいる関係，箱庭に表れたイメージからは離れてそれを客観的に捉えているような関係，作り手がイメージと現実の境界を体験しているような関係，作り手が箱庭におけるイメージを内在化しているような関係などが表れてくることが想定されるが，これらは本章にて検討してきたような非言語的方法の，対象同士の存在の大きさ，距離，位置，対象が別の対象の内にあることといった要素により表現することができると考えられ，方法として用いることが妥当であると考えられる。そこで本研究では，箱庭を表す紙（以下，箱庭型とする）と作り手を表す紙（以下，人型とする）を画用紙に貼ることで箱庭と作り手との関係性を表してもらう「関係性図」という方法を用いることとした。この関係性図は，本章で取り上げた先行研究をもとに筆者が考案したものであり，各型を画用紙に貼ることによって，（ⅰ）箱庭型と人型それぞれの大きさ，（ⅱ）箱庭型と人型の距離，（ⅲ）箱庭型と人型の位置，（ⅳ）箱庭型と人型の重なり，（ⅴ）箱庭型と人型それぞれの向き・傾きといった5つの要素により，箱庭と作り手との関係が表される

ことを想定したものである．FASTで用いられていたような人型のコマという立体的な表現ではなく，画用紙に貼るという平面的な表現にしたのは，型を貼ることで，箱庭と作り手との重なりの表現がなされやすくなると考えたからである．箱庭は，箱庭作品として作り手の目の前に存在しているものの，作り手自身が作ったものであり，作り手にとって，自身と明確に分けられるものではないと体験されることがあると考えられる．よって，やまだ（1988）の「母と私」の関係性描画や，高木（2002；2006）の「本当の自分」と「本当の自分ではないような自分」との関係性描画にて多く表現されていたような，包み包まれる関係，囲み囲まれるような関係が，箱庭と作り手との関係性が表現される際にも非常に大切になると考えられたため，型を貼るという平面的な表現方法をとることとした．また，やまだ（1988）で行われていたような描画による関係の表現ではなく画用紙に型を貼るという表現にしたのは，よりシンプルで簡易な方法であるほうが，その瞬間に感じられている関係を切り取りやすく，表現をする人にとっても抵抗感が少なくなると考えたからである．ただし，箱庭型，人型が1種類ずつであると表現が限られてしまうため，関係の表現の多様性を出すために，人型，箱庭型それぞれについて複数種類の大きさの型を用意することとした．

　さらに，高木（2002；2006）の「本当の自分」と「本当の自分ではないような自分」との関係性描画では，「本当の自分」，「本当の自分ではないような自分」を円によって表してもらっていたが，関係性図では円ではなく，箱庭を表す長方形の紙と作り手を表す人の形の紙を箱庭型，人型として用いることとした．高木（2002；2006）は「本当の自分」と「本当の自分ではないような自分」の関係性を表すために円を用いたことについて，岩井ら（1978）の「マルと家族」描画法を参考にしたと述べているが，岩井ら（1978）は，マルを利用して関係性を表すことについて，以下のように述べている．「人は円そのものを象徴的に存在そのものと見なすこともできるし，さらに自己を内在化させるための囲いと見なすこともできるし，さらに自己を外在化させるための虚の空間と見なすこともできるのである．つまり，円は人間および人間と関係のあるあらゆる外界との関係を，象徴的に描きだすことのできる原形と見ることが可能なのである」．つまり，高木（2002；2006）において「本当の自分」を表すものと

して円が用いられたことで,「本当の自分」と「本当の自分ではないような自分」との関係性が「象徴的に」表現されていたと考えられる。一方,箱庭と作り手との関係性について考えてみると,第3章の4,第4章にて,箱庭との関係性における作り手の身体が重要な意味をもっていることについて述べた。第4章からは特に,作り手には自律的なイメージから生じる身体感覚と箱庭の三次元性による身体感覚が体験され,「その中間にあるものとしての身体が,一層際立って体験される」と考えられたことから,箱庭と作り手との関係性を表現するにあたって,作り手が円ではなく身体をかたどった型として表現できることで,作り手の身体における体験が表現されやすくなることが考えられた。そのため関係性図では,箱庭を表す長方形の型と作り手を表す人の型を用いることとした。

また箱庭と作り手との関係性を表す関係性図では,本章の3 (2) で示したFITのように,表現のどの要素が関係性のどのような側面を表しているかについては,教示は行わないこととした。関係性図には,作り手にとって曖昧に感じられている箱庭との関係を非言語的に表現してもらうという目的があり,表現された関係性図のそれぞれの要素が何を意味しているのかということ自体にも作り手個々の体験が表れると考えたからである。そのため,関係性図について作り手自身に語ってもらうことでそこに表現された箱庭との関係を理解することを,関係性図の理解において最も重要な点とした。同時に,胡 (2013) の家族箱庭で取り上げられていたような関係性における感情や外界の存在など,関係性図には直接表れてこない体験もあると考えられたことから,それらの点については特に丁寧に聴くことが大切だと考えた。

7. おわりに

関係性とは,それを体験している主体にとっても常に明確に体験されているものではなく,「自分と○○はこのような関係性にある」と意識的に感じられるものでもない。特に,自身の内から生じる自律的なイメージとの関係性であれば,尚更であろう。そのように,主体自身も関係性に包摂されていることが関係性の本質であると考えられるが,関係性について検討するためには第三者からみた関係の在りようだけでなく,主体にとっての関係性の体験を何らかの

形として表現してもらうことで検討していくことが必要であると言える。表現された関係性は，そこに存在している関係性そのものではないのかもしれないが，本章で論じてきたような非言語的な方法は，主体に感じられている関係性，そこでの体験を，できるだけ損なわずに表現してもらうことが可能となると言えるのではないだろうか。

　このことを踏まえ次章以降では，関係性図という方法により箱庭と作り手との関係性について表現してもらい，関係性図をもとにした作り手の語りによって，曖昧さや力動性など言葉になりにくい性質のある関係性について，調査研究を通して検討していくこととする。まず次章では，関係性図によって，箱庭と作り手との関係性のどのようなことが作り手によって表現されたのか，その元には箱庭との関係性における作り手のどのような体験が存在しているのかについて，実際の作り手のデータから検討していく。そして，第7章，第8章では，同じ調査研究におけるデータを箱庭と作り手との関係性の変化という視点から分析し，関係性の変化の様相と作り手の変容の在りようについて論じていくこととする。

❖文献

Gehring, T. M. & Wyler, I. L.（1986）. Family System Test (FAST): A three-dimensional approach to investigate family relationships. *Child Psychiatry and Human Development*, 16, 235-248.
原田雪子・石田弓・内海千種（2009）．心理面接における動的家族画・家族イメージ法の活用——課題の非構造的・非構造的特徴に注目して．徳島大学総合科学部人間科学研究，17, 23-41.
八田武志（1977）．Doll Location Testに関する研究（1）——精神神経症患者への適用例について．適性研究, 10, 1-6.
胡実（2013）．家族イメージの構造と特性に関する日中比較．家族心理学研究, 27(2), 111-222.
池田和夫（2000）．日本人大学生の独立意識と親子間の親密さに関する研究．高知大学学術研究報告, 49, 105-113.
岩井寛・田久保栄治・金盛浦子・藤田雅子・五島しづ・森田孝子（1978）．マルと家族——全体精神療法の1技法．芸術療法, 9, 7-15.
皆藤章（2004）．投映法論——イメージと人間．皆藤章（編）．臨床心理学全書第7巻　臨床心理査定技法2．誠信書房．pp.1-46.

亀口憲治（2003）．家族のイメージ．システムパブリカ．
加藤孝正（2004）．動的絵画療法，動的家族画療法．氏原寛・成田善弘・東山紘久・亀口憲治・山中康裕（編）．心理臨床大事典．培風館，pp.401-403．
小岩健祐（2006）．PAC分析による個人のもつ家族イメージの変容過程．家族心理学研究，20(1)，53-65．
Kuethe, J. L.（1962）．Social schemas and the reconstruction of social object displays from memory. *Journal of Abnormal and Social Psychology*，65，71-74．
草田寿子・岡堂哲雄（1993）．家族関係査定法．岡堂哲雄（編）．心理検査学．垣内出版，pp.573-581．
前出朋美・島谷まき子（2004）．家族イメージ法の分析指標の検討——肯定的家族観・父子関係・母子関係・両親関係との関連．学苑・人間社会学部紀要，761，40-47．
水本深喜・山根律子（2010）．青年期から成人期への移行期の女性における母親との距離の意味——精神的自立・精神的適応との関連性から．発達心理学研究，21(3)，254-265．
中見仁美・桂田恵美子（2007）．大学生におけるFamily System Test（FAST）の評価基準の検討——面接の応答，精神的健康度の関連から．家族心理学研究，21(1)，20-30．
中坪太久郎・新谷侑希・坂口健太・塩見亜沙香・亀口憲治（2006）．家族イメージ法（FIT）を用いた質的研究法の開発．東京大学大学院教育学研究科紀要，46，227-238．
岡田努（1995）．現代大学生の友人関係と自己像・友人像に関する考察．教育心理学研究，43，354-363．
柴﨑暁子・丹野義彦・亀口憲治（2001）．家族イメージ法のプロトコル分析と再検査信頼性の分析．家族心理学研究，15(2)，141-148．
新藤克己・相模健人・田中雄三（2002）．小学生の「家族イメージ」に関する研究．家族心理学研究，16(2)，67-80．
高木綾（2002）．青年期における異なる自己像とその関係性イメージについて——いわゆる「本当の自分」と「借り物の自分」の観点から．心理臨床学研究，20(5)，488-500．
高木綾（2006）．青年期における異なる自己像の関係性イメージについて——箱庭と円を用いた描画法を通して．心理臨床学研究，24(4)，408-418．
築地典絵（1999）．Family System Testを用いた児童の家族関係．カウンセリング研究，32(3)，264-273．
築地典絵（2005）．家族関係構造の査定法に関する検討．人間環境学研究，3(1)，19-25．
やまだようこ（1988）．私をつつむ母なるもの——イメージ画にみる日本文化の心理．有斐閣．

第6章
箱庭制作後における箱庭と作り手との関係性
関係性図の分析から

1. 箱庭と作り手との関係性

　ここまで，箱庭と作り手との関係性をイメージとそれを体験する主体との関係性という視点から論じ，箱庭との関係性における作り手の体験について検討してきた。第3章では，自律性をもつイメージに主体が入り込み，イメージを内側から理解するような在り方が治癒への可能性を開くと同時に，主体がイメージを外側から意識するような在り方の重要性についても述べた。それは，主体がイメージを外側から把握することができなければ，自律的なイメージに呑み込まれる関係性となってしまうからである。また，自律的なイメージが強く体験されることで生じる身体感覚によって，主体がイメージを外側から捉えるきっかけになることがあり，体験されたイメージを主体が言葉で表現することにおいても，主体がイメージから離れ，客観的，現実的な視点から捉えるような体験につながることが考えられた。また，主体がイメージを表現することで，イメージをおさめ，内在化していくという関係の在り方も考えられ，主体の身体感覚，言葉，現実，セラピストの存在などが関わり合いながら，イメージとそれを体験する主体との関係の総体を成していると考えられた。第4章では，そのようなイメージと主体との関係性を箱庭と作り手との関係性として捉えるなかで，箱庭の三次元性に着目し，実際の砂や砂箱，ミニチュアを用いることでの身体感覚と，それに伴うさまざまな境界の体験がなされていることが考えられた。
　このように，自律的なイメージについて，それが表れてくるさまざまな技法について，箱庭療法についての多くの先行研究をイメージとそれを体験する主体との関係性，箱庭と作り手との関係性の視点から検討することで，イメージ

との関係における主体の体験が，主体の心理的変容を明らかにするための鍵となっていることが考えられた。特に，箱庭と作り手との関係性がどのように変化していくのか，すなわち，箱庭との関係性における作り手の体験がどのように変化していくのかということは，箱庭療法における作り手の心理的変容を検討していく上で非常に重要な視点であり，実際の作り手の体験に沿って検討していく必要があると言える。そこで，箱庭と作り手との関係性の変化を検討するための調査研究を行い，箱庭と作り手との関係性の変化の視点から，箱庭療法における作り手の心理的変容に迫ることとした。

2. 本調査研究での「箱庭制作後」について

　本調査研究では，箱庭と作り手の関係性の変化を扱うこととするが，調査研究において検討するにあたり，どこからどこまでの変化を扱うのかということについて，明確にしておく必要があるだろう。臨床場面において，継続的な心理面接のなかで箱庭が制作されることを考えると，一般的には図6-1に示したように，心理面接が開始し，そのなかで箱庭制作が開始され，箱庭制作終了後にクライエントとセラピストがともに箱庭を味わい，心理面接が終了し，日常へと戻っていくという時間の流れがあると考えられる。実際の心理面接であれば，1回の心理面接のなかのどのタイミングで箱庭が制作されるのか，制作にどれくらいの時間がかかるのか，箱庭制作前後に箱庭のことではない語りがどれくらいされるのかといったことに違いが見られると思われるが，箱庭制作後にクライエントとセラピストが箱庭を眺めたり，なんらかの形で箱庭についてやりとりを交わしたりするなど，箱庭を味わう時間が存在していることは多いと考えられる。

　このような時間の流れが存在することを踏まえた上で，本研究では，箱庭制作終了時からの箱庭と作り手との関係性の変化について取り上げることとする。それは第2章において，箱庭制作後に作り手が箱庭を言葉にすることによって，制作直後からのイメージが変容していく体験や，そのなかで意識的にも

図 6-1　継続的な心理面接での箱庭制作における時間の流れ

無意識的にも，作り手が自分自身に向き合ったり意図していなかったような自分のイメージに触れたりする体験があることが考えられ，そのような箱庭制作後の心の動きを箱庭と作り手との関係性の視点から再度検討することで，箱庭における作り手の心理的変容についてより深く検討することができると考えられたからである。そして，箱庭制作終了時からどの時点までの関係性の変化を扱うかということについてであるが，中道（2010）では，1回の箱庭制作を行った作り手の事例をもとにして，箱庭制作終了時から次の心理面接まで，作り手のなかで対自的な体験が続いていく可能性が示唆されている。つまり，箱庭を制作した面接が終了した後にも，作り手の変容に関わる体験がなされている可能性が考えられるが，それについて実際の作り手の体験から検討している研究は見当たらない。そのことから本研究では，2回の調査面接を実施することで（面接#1，面接#2とする），箱庭制作直後から次の調査面接までを一つの区切りとして捉え，「箱庭制作後」として操作的に定義し，1回の箱庭制作にて生じる作り手の心理的変容の在りようについて検討することとする。そして一般的な心理療法を想定し，次の面接までの期間を1週間とした。

　ただ臨床場面を想定すると，図6-1においても表れていたように，箱庭制作直後から箱庭を制作した心理面接の終了までの時間と，心理面接終了後から次の心理面接までの時間というように，その内容は大きく2つに分けられると考えられる。第2章においても，作り手が箱庭を言葉にすることによってその体験が大きく変化する可能性が示されていたことから，箱庭を味わう時間のなかで，箱庭と作り手との関係性が変化する可能性も大いに考えられる。よって本研究では，その2つの体験を分けて検討することができるよう，箱庭制作直後，箱庭を味わう時間の後，1週間後の面接の際という3時点において，箱庭と作り手との関係性の在りようを捉えることとした。本研究において，箱庭と作り手との関係性を捉える時点については，図6-2に示した。

図6-2　本研究において箱庭と作り手との関係性を捉える3時点

3. 関係性の変化を捉えるための方法

　そして次に，箱庭と作り手との関係性の在りようを捉えるための方法について述べる。まずは，箱庭と作り手との関係性の在りようについてインタビューにて聴取することとしたが，箱庭との関係性が作り手にとって意識的に感じられておらず，うまく言語化できない可能性があることを考慮し，第5章にて検討を行った関係性図を用いることとした。関係性図とは本研究のために筆者が考案したもので，箱庭を表す箱庭型と作り手を表す人型を画用紙に貼ることで，箱庭と作り手との関係性を表す方法である。(ⅰ) 箱庭型と人型それぞれの大きさ，(ⅱ) 箱庭型と人型の距離，(ⅲ) 箱庭型と人型の位置，(ⅳ) 箱庭型と人型の重なり，(ⅴ) 箱庭型と人型それぞれの向き・傾きといった5つの要素から成り，箱庭と作り手との多様な関係を表現できるようにした。

　本調査研究に先立って，関係性図を用いた予備調査を実施した。予備調査は計4名（男性2名，女性2名）に対して行い，いずれも20歳代の大学生，大学院生であった。予備調査協力者には，箱庭を自由に制作してもらったあとに関係性図にて箱庭と作り手との関係性を表現してもらい，関係性図という方法を用いて箱庭との関係を表すことをどのように感じたかを聴取した。うち2名は本調査と同様の手順で，関係性図を3度実施した。予備調査にて，箱庭型，人型それぞれ4種類の大きさを用いることで過不足なく箱庭と作り手との関係性を表現できると語られたことから，A4の画用紙に人型と箱庭型を貼ることを想定して各型4種類の大きさを決定した。画用紙の大きさから箱庭型，人型の一番大きいものを設定し，一番大きい人型の胴体，頭の部分に入るよう一番小さい箱庭型を設定した。箱庭型はそこから均等に4種類を定め，箱庭型との大きさのバランスを考慮しつつ人型を4種類設定した。箱庭型は大きいものから190×240mm，142×180mm，78×100mm，31×40mm，人型は一番大きいものから，縦の長さが200mm，150mm，100mm，50mmであった（以下，大きいものから人型1～4，箱庭型1～4とする）。画用紙は白を用い，人型は肌の色に近い薄黄色，箱庭型は箱庭の内側の色である水色を使用した。予備調査からは，関係性図を用いて違和感なく短時間で関係を表現できると判断されたが，動きや感覚，感情など図に表れない関係性の要素もあると考えられたことから，これらの点については，インタビューにて丁寧に聴くこととした。

また，箱庭と作り手との関係性の変化を数量的な指標から捉えるため，SD法を用い，作り手が箱庭から受け取る感じを測定することとした。岡田（1984）による20の形容詞対は，箱庭や描画の印象評定にあたりこれまで多くの研究で使用されているため（齋藤，1991；木下・伊藤，2001；久米，2010；中野，2010など），各研究での因子分析結果を参考に，本研究の目的に合うように，主にイメージの力量性や直接性を表す7対（「大きい－小さい」，「弱い－強い」，「深い－浅い」，「積極的な－消極的な」，「女性的な－男性的な」，「かたい－やわらかい」，「動的な－静的な」）を採用した。また，同じ力量性を測定するものとして，2対（「広い－狭い」，「重い－軽い」）を追加した。さらに，中野（2010）がイメージの直接性やイメージとの関係を捉えるものとして採用した5対（「いきいきした－生気のない」，「鮮明な－不鮮明な」，「ぼんやりした－はっきりした」，「疎遠な－親しみのわく」，「近い－遠い」）を加えるとともに，栗本・髙尾（2010）や井上・小林（1985）を参考に，箱庭から感じられる温かさややわらかさ，親しみやすさなどを測定できる形容詞6対（「あたたかい－冷たい」，「母性的な－父性的な」，「丸い－四角い」，「内側の－外側の」，「懐かしい－新奇な」，「自然な－不自然な」）を新たに追加した。それにより，20の形容詞対からなるSD法を用いることとした。

　なお，本調査研究における箱庭と作り手との関係性とは，「箱庭におけるイメージの自律性と作り手との関係の在りようであり，そこには両者の力動性や距離，つながり方などの要素が存在するとともに，両者の相互的な作用により少しずつ変化していくもの」として操作的に定義された。

4. 本章における分析の視点

　このような方法により，箱庭と作り手との関係性の変化について調査研究を行うこととするが，まず本章では，関係性図によって箱庭と作り手との関係性における作り手のどのような体験が表現されていたのかについて分析を行うこととした。第3章，第4章で述べてきたようなイメージとそれを体験する主体との関係性の在りよう，箱庭と作り手との関係性の在りようが，関係性図によってどのように表れているのかについて検討するとともに，関係性図にて設定された5つの要素ごとに，その表現のもととなる箱庭との関係性における作り手の体験について検討する。なお，3時点における箱庭と作り手との関係性の

変化については，第7章，第8章にて検討を行うこととする。
　また本研究では，関係性図に表されたものが作り手に感じられている関係の在りよう，その表現の元となっているのが作り手の体験，両者を結び，調査者に直接的に伝えられるものが関係性図に関する作り手の語りであると捉えることとした。

5．調査研究の方法

調査協力者（以下，作り手と表記）: 大学生26名（男性12名，女性14名，平均年齢20.9歳，SD=4.4）。以下，調査時期の早い順に男性をM1～M12，女性をF1～F14と表記する。Z大学で心理学系の授業を受講している学生に，「箱庭療法に関する研究」として調査協力者募集用紙を配布し，希望者に調査協力をお願いした。

調査者: すべての調査における見守り手および面接者を筆者が行った。

材料: 箱庭（57×72×7cm），人・動植物・建築物・乗り物などのミニチュア，同意書，A4画用紙3枚，関係性図用の人型・箱庭型各4種類3セット，のり，SD法評定用紙3部，デジタルカメラ，ビデオ，三脚を用意した。

手続き1: 面接#1は，以下の8段階で行った（図6-3参照）。

① 調査の説明と同意書の記入：目的と内容，いつでも中止できること，個人情報の取り扱いについて説明し，同意書へ署名を得て調査を実施した。各回の面接の詳細な内容（箱庭制作の有無）については，作り手の自由な心の動きを阻害しないようにするためこの時点においても伝え，1週間を空けた2度の面接のなかで，箱庭制作とそれに関するインタビューなどを行うことを伝えるに留めた。ビデオでの録画，録音についても許可を得た。

② 箱庭制作：「ここにある砂とミニチュアを使って，この箱の中に好きなものを作ってください」という教示により，自由に箱庭を制作してもらった。作り手のタイミングによって制作を終了した。

③ 関係性図（1回目）：A4画用紙1枚と人型，箱庭型各4種類を提示し，「この箱庭とあなた自身が今どのような関係性にあるかイメージしていただきたいと思います。この型を箱庭とあなた自身として，どのような関係性

にあるか画用紙に置いてみて下さい。大きさは4種類ずつあるので，箱庭とあなた自身との関係性を表すのに適していると思う大きさを1枚ずつ選んでください。画用紙上のどこに置いてもらってもいいですし，型を重ねても大丈夫です。表せたと思ったらのりで貼りつけてください」との教示で行った。

④ **SD法評定**（1回目）:「この箱庭は，今どのように感じられますか。この箱庭に対するあなたの「感じ」についてすべての形容詞対に評定してください」との教示で行った。評定は7件法であった。用いた形容詞対は，**表6-1**に示した。

表6-1　SD法で用いた20の形容詞対

1. 大きい－小さい	2. 強い－弱い	3. 深い－浅い	4. やわらかい－かたい
5. 積極的な－消極的な	6. 動的な－静的な	7. 女性的な－男性的な	8. はっきりした－ぼんやりした
9. 近い－遠い	10. 親しみのわく－疎遠な	11. 鮮明な－不鮮明な	12. いきいきした－生気のない
13. 広い－狭い	14. 重い－軽い	15. 懐かしい－新奇な	16. 内側の－外側の
17. あたたかい－冷たい	18. 自然な－不自然な	19. 母性的な－父性的な	20. 丸い－四角い

⑤ **味わう時間**：箱庭の傍に移動し，調査者から「作ってみてどうでしたか？」，「どんな世界ですか？」などを尋ねた。調査者は作り手の言葉やイメージに添うように語りを聴き，言葉を返し，無理な言語化を求めることがないよう配慮した。

⑥ **SD法評定**（2回目）：1回目の教示に加え，「先ほどの回答にこだわらず，今箱庭がどのように感じられるか」を注意点として挙げた。また，形容詞対の配置順序は，ランダムに入れ替えた。

⑦ **関係性図**（2回目）：A4画用紙1枚と人型，箱庭型各4種類を提示し，「この箱庭とあなた自身が今どのような関係性にあるかについて，この画用紙の上に貼ってみて下さい。もし先ほどと変わらない感じがしたら，同じでも構いません」との教示で行った。

⑧ **インタビュー**（1回目）：半構造化面接で行った。インタビュー項目は**表6-2**に示した。

表6-2　インタビュー（1回目）項目

1. 関係性図①は箱庭とあなたのどのような関係性を表していますか？
2. 関係性図②は箱庭とあなたのどのような関係性を表していますか？
3. **(関係性図①と②が変化した場合)** 関係性図①から②への変化はどのようなものですか？変化のきっかけはありますか？

   (関係性図①と②の変化がなかった場合) 関係性図①と②は全く同じ関係性を表していますか？
4. 制作後に箱庭を味わうことは，箱庭とあなたの関係性にどのような影響があったと思いますか？

図6-3　面接#1　調査の手続き

手続き2：面接#2は，面接#1から1週間後の同じ曜日に同じ部屋で行った。手続きは以下の3段階であった（図6-4参照）。

①**SD法評定**（3回目）：「先週の箱庭は，今どのように感じられますか。箱庭に対する今のあなたの「感じ」について，すべての形容詞対に評定してください」との教示で行った。形容詞対の配置順序はランダムに入れ替えた。

②**関係性図**（3回目）：A4画用紙と人型，箱庭型各4種類を提示し，「先週ここで作った箱庭を思い浮かべてみてください。その箱庭とあなた自身は今どのような関係性にありますか？　この型をそれぞれ箱庭とあなた自身として，この画用紙に置いてみてください。表せたと思ったらのりで貼りつけてください」との教示で行った。

表6-3　インタビュー（2回目）項目

1. 関係性図③は箱庭とあなたのどのような関係性を表していますか？
2. **(関係性図②と③が変化した場合)** 関係性図②から③への変化はどのようなものですか？　変化のきっかけはありますか？

   (関係性図②と③の変化がなかった場合) 関係性図②と③は全く同じ関係性を表していますか？
3. この1週間で，前回作った箱庭を思い出したり，考えたり，誰かに話したりすることはありましたか？
4. 今日，この調査面接に来ることについて，なにか考えていたことはありましたか？
5. 関係性図①，②，③とどのような流れがあると思いますか？
6. 箱庭制作が終わった瞬間から今まで，箱庭とあなたの関係性にどのような変化があったと思いますか？
7. 今回の箱庭制作を通して，自分自身について何か考えたことはありますか？

図6-4　面接#2　調査の手続き

③**インタビュー（2回目）**：インタビューの前に，面接#2では箱庭制作は行わないことを伝えた。インタビューは半構造化面接で行った。インタビュー項目は**表6-3**に示した。なお，インタビュー項目2の際，2回目の関係性図を作り手に提示し，さらにインタビュー項目5の際は，1回目の関係性図も提示した。

6. 調査結果の整理

　本章では，関係性図の分析から関係の在りようと作り手の体験を検討することを目的としているため，26名に3度行った78の関係性図とその語りを分析対象とした。SD法の結果についても本章では扱わず，次章にて検討することとした。なお，1回目の関係性図（関係性図①とする）に表れている関係性を関係性①，2回目の関係性図（関係性図②とする）に表れている関係性を関係性②，3回目の関係性図（関係性図③とする）に表れている関係性を関係性③とする。

　関係性図の各要素において表現されていた内容を検討するため，（ⅰ）箱庭型と人型それぞれの大きさ，（ⅱ）箱庭型と人型の距離，（ⅲ）箱庭型と人型の位置，（ⅳ）箱庭型と人型の重なり，（ⅴ）箱庭型と人型それぞれの向き・傾きという5つの要素ごとに，「そのような表現にした意図として語られた内容」をインタビューの逐語文から抜き出した。その内容をカードに記入し，KJ法（川喜田，1967）を参考に分類を行った（（ⅰ）47枚，（ⅱ）33枚，（ⅲ）40枚，（ⅳ）31枚，（ⅴ）19枚，合計170枚のカード）。その際，実際の図の表現と照らし合わせながら分類を行った[*1]。1人の作り手が1枚の関係性図に対して何度も同じ内容を語っている場合は，それを1つのカードにまとめ，1とカウントし

[*1] 例えば，「箱庭との距離が遠くなった」という語りの内容であっても，小さい箱庭型を用いたことでの発言なのか，大きい箱庭型を用いたことでの発言なのかによって意味が異なるため，実際の図の表現に基づいて分類を行ったということである。

た。なお，78の関係性図それぞれについて，5つの要素ごとにその意図を聴取したわけではないため，インタビューの中で関係性図に対する説明として，作り手によって自発的に語られた内容から抜き出した。カードを分類する作業については，恣意的な分類になることを避け，妥当性を得るため，心理臨床学専攻の大学院生1名とともに行った。半数の85枚の分類を行った時点で一致率は85.9％だったため，残り半分は筆者が1人で行った。一致しなかったカード，分類が困難であったカードは，合議によって分類を決定した。分類の結果を，**表6-4**，**6-5**，**6-6**，**6-7**，**6-8**に示した。関係性図①，関係性図②，関係性図③それぞれで語りの数を算出したが，数が少ないため，また78の関係性図すべてについて各要素の意図を語ってもらったわけではないため，差異を統計的に分析することはしなかった。

7．考察

以下，作り手の語りは「」で示す。また，**表6-4**から**表6-8**において示した語りの内容とその記号は，《》によって示す。

❶ 箱庭型と人型それぞれの大きさ

箱庭型と人型それぞれの大きさについての分類の結果は，**表6-4**に示した。

表6-4　関係性図における表現と語りの内容（大きさ）

要素	関係性図の表現			語りの内容	図①	図②	図③	合計
大きさ	人型の大きさ	小さい人型	i-1	自分の存在が小さい	5	2	2	9
			i-2	箱庭から遠い	1			1
		大きい人型	i-3	自分の存在が大きい		3	1	4
	箱庭型の大きさ	小さい箱庭型	i-4	箱庭の存在が小さい		2	4	6
			i-5	箱庭の存在が大きすぎるものではない			2	2
			i-6	親近感が湧いている		1		1
			i-7	自分から遠い	1		6	7
		大きい箱庭型	i-8	箱庭の存在が大きい	11	4		15
			i-9	自分から遠い	1		1	2
					19	12	16	47

まず《ⅰ-1自分の存在が小さい》,《ⅰ-3自分の存在が大きい》,《ⅰ-4箱庭の存在が小さい》,《ⅰ-5箱庭の存在が大きすぎるものではない》,《ⅰ-8箱庭の存在が大きい》のように,箱庭と作り手それぞれの存在の大きさについて語られていた。「いてもいなくてもいいくらいの小っちゃい自分」(M3),「自分がキーパーソン」(F1),「箱庭の生き生きした感じが小さくなって」(F3) などと語られており,そこには箱庭から感じられるイメージの自律性の強弱に関する体験と,それに対する作り手の主体的感覚の強弱に関する体験があることが考えられる。第5章では,FASTやFITにおいて「表現される関係性に含まれている対象個々の影響力,パワーなど,その関係性に占める存在の大きさ」が表わされていたことを述べたが,関係性図では,箱庭型の大きさにより作り手にとってのイメージの自律性の強さが,人型の大きさによりイメージに対する作り手の主体的感覚の強さが表れていたと考えられるだろう。このようなイメージの自律性の強さと作り手の主体的感覚の強さは,第3章で論じたイメージとそれを体験する主体との関係性においても,両者の関係性における重要な要素となっていた。主体がイメージに呑み込まれるような関係であればイメージの自律性が非常に強く体験されているということであり,主体がイメージを内在化するという関係であれば,イメージの自律性に対して主体の主体的感覚が強く体験されていることだと考えられるからである。各型の大きさをもとに,箱庭におけるイメージの自律性と作り手の主体的感覚の強さについて多く語られていたことから,イメージの自律性と作り手の主体的感覚の体験が,箱庭と作り手との関係性における重要な体験の一つとなっていることが考えられるだろう。

　次に,型の大きさによって語られていたのは,箱庭と作り手との距離についてである《ⅰ-2,ⅰ-6,ⅰ-7,ⅰ-9》。小さい人型,大きい箱庭型によって表されていた遠さは,「箱庭が大きくて『おー』ってなってて,ちょっと遠いかな」(F4) という語りに表れているように (F4関係性図①:**写真6-1**／F4箱庭:**写真6-2**),自律的なイメージを伴う箱庭を目の前にして圧倒され,分からなさを感じ,自分にとって大きくて遠い存在として体験されていることによるものだと言える。同様に,小さい箱庭型を用いてそのような分からなさが軽減したこと,《ⅰ-6親近感が湧いている》ことを語った作り手もいた。それとは対照的に,

小さい箱庭型によって《 i -7自分から遠い》ことを表す作り手も見られたが，「箱庭がぼんやりしてきたのを表してる」（F14）と語られたように，箱庭におけるイメージの自律性が弱まって体験されていることによるものだと考えられる。つまり，型の大きさにより表され，距離として語られていた内容には，それぞれの存在の大きさについて述べられていたことと同様に，箱庭におけるイメージの自律性の体験が元になっていると考えられるだろう。

❷ 箱庭型と人型の距離

箱庭型と人型の距離についての分類の結果は，**表6-5**に示した。関係性図における箱庭型と人型の距離については，箱庭と作り手との距離が近いか遠いか，どちらで

写真6-1　F4関係性図①（人型2，箱庭型2）

写真6-2　F4箱庭　箱庭に「動き」があり，「トラが自分みたいな感じ」と語られた。

表6-5 関係性図における表現と語りの内容（距離）

要素	関係性図の表現		語りの内容	図①	図②	図③	合計
距離	距離の近さ		ii-1	距離が近い	1			1
		接している	ii-2	つながっている	1	1	1	3
	どちらでもない		ii-3	アンビバレント	2	1	1	4
			ii-4	少し距離がある	1	2	1	4
	距離の遠さ		ii-5	遠くから見ている	2	2	8	12
			ii-6	距離が遠い		4	5	9
					7	10	16	33

もないかが表されており，第5章にて取り上げたFASTやFITで，各コマ，シールの距離によってそれぞれの心理的距離が表されていたのと同様の意味を持っていると考えられた。《ii-1》では，「近くに行った感じ」（F14），《ii-6》では「離れてる」（F8）などと語られたが，型の距離で表される距離においては，先に述べた型の大きさで表される距離のような，箱庭におけるイメージの自律性との関連については語られていなかった。では，イメージの自律性に関わる距離とそうでない距離は，どのように異なるのだろうか。自律性の強さによる遠さには前述のように，圧倒され，分からなさを感じている体験があり，自律性の弱さによって感じられる遠さには，箱庭がぼんやりとしか感じられない体験が表れており，どちらの場合も箱庭が作り手にとって曖昧で混沌とした存在だと言える。一方，型の距離によって語られた距離では「自分がいるのとは違う世界」（M6），「簡単に行けるものじゃないと思って」（F14）というように，箱庭に表れている世界が作り手なりに意味づけられており，その意味や世界との間で感じられた距離が表されていたと言える。このことは，型の距離によって《ii-3アンビバレント》な体験が語られたことともつながるだろう。つまり箱庭との距離に関する体験には，箱庭が作り手にとって何らかの意味として感じられている場合と，そうではなく曖昧な存在である場合があることが考えられ，そのような体験の違いが表現の違いとして表れていたと考えられる。中道（2010）は，東山（1994）のぴったり感について述べるなかで，「（箱庭に）表現される心の層は，意識に近いものから元型的なイメージにまでいたり，ひとくちに『ぴったり感』といってもクライエントのどの水準の心の層にぴったり

した表現なのか，その幅はかなりの広がりをもつ」と述べている。心のより深い層から出てきている表現は，作り手にとって安易には意味づけされず，曖昧なものとして体験されやすいと考えられるが，F4が語ったように，圧倒されながらも「遠いかな」と距離を取ることは，意識から遠い層から生じた自律性の強いイメージに呑み込まれないために必要なこととも考えられるだろう。

　また，各型の距離によって，作り手が箱庭を《ⅱ-5遠くから見ている》ことも多く語られていた。見るという動作から，作り手の視覚に強く訴えかけられる体験があると同時に，自分と離れた対象として箱庭を捉えていることが窺える。桑原（2010）が「『見る』ということは『主体』の成立と深く関わる」，見ることは「きわめて能動的，主体的な動きである」と述べているように，距離が離れていても，対象化された箱庭との間に強い関わりがあることが表れていると考えられるだろう。

❸箱庭型と人型の位置

　箱庭型と人型の位置についての分類の結果は，**表6-6**に示した。まず，箱庭型の中に人型が貼られた場合，箱庭型内での人型の位置によって，作り手の存在が中心的なものなのか，小さいものなのかが語られていた《ⅲ-2，ⅲ-3》。そもそも箱庭型の中に人型があるという関係は，どのような意味と考えられるだろうか。第5章では，やまだ（1988）が「母と私」の関係について描画を用いて行った調査研究について述べたが，そのなかで，日本の母娘関係において「つつむ母といれこの私」という関係，すなわち私が母の中にあり，母が私を包む関係が多く見られたとしている。このことは本研究においても示唆的であり，人型が箱庭型の中にある関係性図と非常に類似していると考えられる（**図6-5**）。そして，実際に箱庭型の中に人型がいる関係性図について，「包まれている感じ」（M8）と述べた作り手もいた（M8関係性図①：**写真6-3**／M8箱庭：**写真6-4**）。また，同様に小さい人型が大きい箱庭型の中にある関係性図について，「（箱庭の）どこに何があるかは私が作ったので知ってるんですけど，まだ行ってみたことのない場所があるような気がして」（F12），「（箱庭型の中を人型が）これから動こうとしている感じ」（M4）というように，作り手の周りに広がる箱庭に対して期待感や探求心を抱き，基盤となる安心感をもとに，動き出そうと

表6-6 関係性図における表現と語りの内容（位置）

要素	関係性図の表現			語りの内容	図①	図②	図③	合計
位置	箱庭型の中に人型	箱庭型の中に人型	iii-1	自分が箱庭の中にいる	8	1		9
		箱庭型の中心に人型	iii-2	自分が中心に，主体的にいる		2	1	3
		箱庭型の端に人型	iii-3	箱庭の中で自分の存在が小さい	3			3
			iii-4	自分が箱庭から出ようとしている	1			1
		あるミニチュアと対応した位置に人型	iii-5	自分があるミニチュアと対応した位置にいる	3	1	1	5
	箱庭型の外に人型	箱庭型の外に人型	iii-6	自分が箱庭の外側にいる		2	2	4
		あるミニチュアと対応した位置に人型	iii-7	自分があるミニチュアと対応した位置にいる			1	1
		人型の頭上に箱庭型	iii-8	箱庭が理想的なイメージである	1	1		2
	箱庭型の境界に人型		iii-9	箱庭の内側と外側の両方からの視点がある			1	1
	人型の中に箱庭型		iii-10	箱庭が自分の心の中にある			1	1
	画用紙の中での位置		iii-11	箱庭以外のことも含めて箱庭の位置が決まる			2	2
		箱庭型が画用紙の左	iii-12	箱庭が過去のもの	1		1	2
		人型と箱庭型が中心から離れた位置に(左)	iii-13	箱庭と自分の関係は全体の中で端にある	3	1	1	5
	画用紙の裏	画用紙の裏側に箱庭型	iii-14	想像したら箱庭が見えてくる			1	1
					20	8	12	40

しているような語りも見られていた。またこのような語りから，第3章で述べた主体がイメージに包まれているような関係の在りよう，イメージの自律性に主体的に関わっていこうとする関係の在りようが，箱庭型の中に人型を貼るという関係性図によって表されていたことが考えられるだろう。さらに箱庭を「自分が育った土地」（F10）と話し，関係性図にて《iii-4自分が箱庭から出よ

うとしている》ことを表した作り手もおり（F10関係性図①：**写真6-5**／F10箱庭：**写真6-6**），このような分離の動きも含め，箱庭との間で作り手自身が包み込まれるような非常に母性的な関係が体験されていることが考えられる。Kalff（1966/1972）が箱庭療法について，作り手と見守り手との間での「母子一体性」という関係の重要性を述べたことはよく知られているが，母に包まれ，そこを

図 6-5 つつむ母といれこの私
（やまだ，1988 より）

写真 6-3 M8 関係性図①（人型 4，箱庭型 1）

写真 6-4 M8 箱庭 箱庭の中にいる人の目線でミニチュアを置いたことや「ここにいたら楽しそう」と語られた。

基点に動き始めるような母子一体的な関係が，箱庭と作り手との間においても体験されているということが示されたと言えるだろう。そのような関係の中での作り手の主体的感覚の大小の体験が，箱庭型の中での位置として表されていたと言える。

また，人型が箱庭型の外にいる関係性図や，画用紙内での箱庭型の位置について語られる際に《ⅲ-11，ⅲ-13》，箱庭の外側の物事について語られることがあった。人型が箱庭型の外側にいる関係性図について「客観的に外から見るのが自分」(F6) というように，客観的視点からの体験を語る作り手もいたが，そのことをより明確に体験している作り手は「他の現実のこと

写真 6-5　F10 関係性図①（人型 3，箱庭型 2）
　　　　　人型が箱庭型から出ていこうとしている

写真 6-6　F10 箱庭　「自分の実家の周り」をイメージしたと語られた。

第 6 章　箱庭制作後における箱庭と作り手との関係性

とかこれからのことの中で，箱庭の位置は？って言われたらここ」（F3関係性図
③：**写真6-7** ／F3箱庭：**写真6-8**），「箱庭の外の世界がもうちょっとあるかなと思
って，（箱庭型は）画用紙の端にした」（M9）というように，箱庭と自分の関係
全体を見渡し，箱庭の外の世界，現実世界を体験，言語化していた。これは第
3章の5で述べた，主体がイメージを外側から捉えている関係であり，作り手
がイメージの外側にいる体験，外
側の現実世界が特に意識されてい
る体験があると言えるが，そのよ
うな体験が表れてきたことには，
本調査の構造の要因が考えられる
だろう。本調査では箱庭制作後の
関係性に焦点を当てており，時間
の流れに沿って箱庭を制作してい

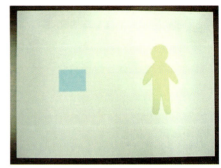

写真 6-7　F3 関係性図③（人型 3，箱庭型 4）

写真 6-8　F3 箱庭「電車に乗り遅れた人」，「周りを顧みない迷惑な親子」，「人間によって住処を
奪われた動物たち」などストーリーが語られた。

た瞬間から時間的に遠ざかるため，作り手が客観的に箱庭を捉える関係，現実世界を意識するような関係が表れてくることは当然のことと言えるかもしれない。臨床場面での箱庭制作を考えても，クライエントの生活の中で心理療法に来ていない時間の方が圧倒的に長く，箱庭の世界に包まれ，その中で生きるだけでは現実で生きることはできない。また関係性図について，「もうちょっと外の世界もあるんだろうな」（M9）と箱庭の外へ出ていこうとする作り手の語りも聞かれ，人型が箱庭型の中にいる関係性図が母子一体的な関係を表していると述べたことを考えると，人型が箱庭型の外にいる関係性図は，母なるものからの分離の体験を表す場合もあると考えることができるだろう。箱庭を外側から捉えることがイメージへの入り込めなさを意味することも勿論あるが，箱庭を客観的に捉え，外側から把握することは，現実で生きる作り手にとって必要な心の動きと言えるのではないだろうか。

　ここで《ⅲ-12 箱庭が過去のもの》，《ⅲ-13 箱庭と自分の関係は全体の中で端にある》と語ったのべ7名全員が，画用紙の左側に箱庭型を貼っていたことについて触れたい。Koch（1957/2010）は美術史家Michael Grünwaldの空間図式を引用し，バウムテストなどの描画空間における位置の意味を理解するのに役立つとしている。この空間図式によると，空間の左側は「母」，「過去」，「内向」を表し，本研究の関係性図において画用紙の左側を「過去」（F8）としたり，「あんまり真ん中で出しゃばる感じは違うな」（F2, 関係性図①：**写真6-9**)[*2]と語られたりしたことは，これに合致していると考えられる。また，画用紙という表現空間自体に意味が見出され，関係性における過去と未来といった時間軸が語られることがあった《ⅲ-12》。箱庭型の中にいる人型が昔の自分，箱庭型の外にいる人型が

写真6-9　F2 関係性図①（人型3，箱庭型3）
　　　　画用紙の右側を空け，左側に型を貼っている

---

*2　F2については第8章にて事例検討を行っているため，箱庭の写真は第8章（p.191）に示した。

今の自分だとして語られたり[*3]，制作前からのイメージが結実したものとしての箱庭と今の自分の関係が語られたりしており，過去の自分，制作前の自分の存在が，箱庭との関係性を通して今の作り手の前に現れてくる体験があることが表現されていた。

　また，人型の中に箱庭型を貼ることで《ⅲ-10箱庭が自分の心の中にある》と語られたことについて述べる。これは第3章の6で述べた，主体がイメージを内在化している関係が関係性図によって表現されたものと考えられる。また，画用紙の裏に箱庭型を貼ることで「想像したら箱庭が見えてくる感じ」（M11）と語り，表からは見えないが，作り手との関係性の中であれば箱庭の存在が表れてくることを示した作り手もいた《ⅲ-14》。このような表現も，箱庭が作り手にとって内在化されたことの表現であり，自らの内に箱庭をおさめ，おさまる体験があることが，作り手の語りから示されたと言えるだろう。

❹ **箱庭型と人型の重なり**

　箱庭型と人型の重なりについての分類の結果は，**表6-7**に示した。まず，箱庭型に人型の一部を重ねる表現が見られ《ⅳ-1，ⅳ-2》，頭を重ねることで「箱庭の世界に頭を突っ込んでる」（F3），「頭は没頭している」（M1関係性図①：**写真6-10**／M1箱庭：**写真6-11**），足を重ねることで「片足は（箱庭を）引きずってる」（M1），「（手で触れるだけではなく）足も踏み入れさせてみた」（F5）などと語られた。頭が重なっていることからは，作り手の思考，視線や注意など意識的な部分が箱庭に没頭しているような体験が表現されていたことが考えられ，また足が重なっていることからは，無意識的に箱庭に入り込むような体験，作り手の重心が箱庭にあるように感じられる体験が表れていたことが考えられるだろう。また，箱庭型から人型の一部が出ている表現が見られたり《ⅳ-9，ⅳ-10，ⅳ-11》，《ⅳ-4箱庭に触れている》ことが語られたりした。人型が箱庭型に入っている，人型が箱庭型から出ているという重なりによるこれらの表現には，作り手の身体を通した箱庭とのつながりの体験が表されていることが考えられるだろう。箱庭における自律的なイメージが作り手にどれくらい，どのように訴えかけてき

[*3] 1名の作り手が関係性図①，②それぞれについて述べた語りである。

表 6-7　関係性図における表現と語りの内容（重なり）

要素	関係性図の表現			語りの内容	図①	図②	図③	合計
重なり	箱庭型に人型の一部を重ねる	頭が重なっている	iv-1	頭が箱庭に入っている	3			3
		足が重なっている	iv-2	足が箱庭に入っている		1	1	2
		半分重なっている	iv-3	半分箱庭に入っている	1	1	1	3
			iv-4	箱庭に触れている	2	2	1	5
			iv-5	重なっていて近い	1	4		5
			iv-6	箱庭に入り込もうとしている		1		1
	箱庭型の上に人型を重ねる	箱庭型が隠れるように人型を重ねる	iv-7	箱庭と自分が一体化している		1	2	3
			iv-8	自分の中に箱庭がある		1	1	2
	箱庭型から人型が一部出ている	頭が出ている	iv-9	箱庭の外を見ている			1	1
			iv-10	自分の基盤が箱庭にある		1	1	2
		足が出ている	iv-11	箱庭から出ている部分がある	1			1
			iv-12	箱庭の外に出入りする動きがある	1	1	1	3
					9	13	9	31

ているのか，自律的なイメージの表れる箱庭に作り手がどれくらい近づき，入り込んでいるのかということが，人型の身体を通した表現によって表れていると言える。さらに人型と箱庭型との重なりの部分があるということは，作り手にとって，自分自身に「重なる」ものとして箱庭が実感されていると考えられ，同時に，作り手の身体が箱庭の内と外とをつなぎ，作り手の身体を介することで箱庭におけるイメージを現実のものとして実感している意味もあると思われる。すなわち，第3章の4にて述べていたような，「現実に生きる身体にイメージが訴えかける」関係に近いものだと考えられ，作り手自身が現実に生きる存在として，自律的なイメージを身体を通して実感していることが表れていると考えられるだろう。

　2つ目に《iv-5重なっていて近い》，《iv-7箱庭と自分が一体化している》，

《ⅳ-8自分の中に箱庭がある》など，箱庭との近さや一体化の感覚について語られていた。箱庭との近さに関してはここまで，型の大きさによる近さ，型の距離による近さが表現されていたことを述べたが，重なりによる近さにおいては，「寄り添ってる」(M10)，「溶け込んでるというか区別があんまりない」(M4)などと語られ，身体感覚を伴った融合的な体験が元にあると考えられる。これは先に述べた身体を通したつながりの体験と類似するものであるが，こちらではつながりの在りようよりも，それによる箱庭との融合的感覚，一致の感覚が特に強く体験され，表現されていると考えられる。

3つ目に語られたのは，《ⅳ-6箱庭に入り込もうとしている》，《ⅳ

写真6-10　M1関係性図①（人型2，箱庭型2）

写真6-11　M1箱庭　「小さい時に戻ったみたいに」，「遊んでる」感じで作ったと語られた。

-12 箱庭の外に出入りする動きがある》など，箱庭型の内と外をめぐる人型の動きについてである。先ほど型の位置について述べた際，箱庭型の外側は「箱庭の外の世界」や「現実」として，外側からの箱庭世界の捉え方や，全体の中での箱庭の位置などが語られることが多かったことを示した。

写真6-12　F4関係性図②（人型1，箱庭型1）

しかし，重なりによって内と外について語っている作り手は，「（箱庭に）入ろうとしてる」（F4関係性図②：**写真6-12** ／ F4箱庭：**写真6-2**），「（人型は）ここ（箱庭型）にいるけど，ちょっと違うとこにも出たくなってまた戻って，みたいな感じ」（F9）というように，箱庭型の境界における人型の動き，すなわち境界に関してどのような体験がされているかが語りの中心となっていた。このことは，第4章で論じた，箱庭におけるさまざまな境界の体験の表現であることが考えられるだろう。第4章では，箱庭との関係性において，イメージと現実を行き来するような体験があること，自分の中のものでも外のものでもない移行対象のような体験がなされること，砂箱の存在により枠に関する表現，体験がなされることを述べたが，そのような体験が関係性図を通して箱庭型と人型の重なりとして表現されたと言える。桑原（2008）は，「箱庭をおくとき，みずからのこころの『内』，箱庭の『内』，そして，それらを通底する箱庭の『部屋』がある。それらは無関係に存在するのではなく，投影されながら，呼応しながら，入れ子構造のように響き合って定位し，揺れる。さらに，箱庭の部屋もまた大きな世界の『内』にあるのであり，その『外』が存在する」として，箱庭において何重もの内と外が存在し，それぞれが呼応し合っていると述べているが，型の重なりによる内と外の表現，境界に関する表現にも，こころの「内」，箱庭の「内」，箱庭の部屋の「内」というような内と外における作り手の心の動き，境界での体験が，象徴的に表されていることが考えられる。このような境界における心の動きは，作り手のこころの「内」に関わるものとして重要なものと考えられ，第8章にて再度取り上げ，論じることとする。

❺ 箱庭型と人型の向き・傾き

　箱庭型と人型の向き・傾きについての分類の結果は，**表6-8**に示した。型の傾きによってまず語られていたのは，作り手の意思，気持ちの方向についてである。《v-1箱庭に気をとられている》，《v-2箱庭の外側に気をとられている》，《v-9箱庭に向かう気持ちがなくなった》などと語られ，箱庭に対する作り手の意思，気持ちが感じられるとともに，関係が変化していく可能性，力動が感じられる。さらに「静止してるんじゃなくて箱庭を迎えに行く感じ」(F8)など《v-4自分が動いている》，《v-11動きが止まったものである》ことも語られ，箱庭との間での力動的な心の動きが表現されていると言えるだろう。

　2つ目に《v-5箱庭を抱えきれない》，《v-6真っ直ぐ立っている感じがない》，《v-7うつ伏せになっている》など，型の傾きにより，作り手の主体的

表6-8　関係性図における表現と語りの内容（向き・傾き）

要素	関係性図の表現			語りの内容	図①	図②	図③	合計
向き・傾き	人型の傾き	人型の傾き	v-1	箱庭に気をとられている	2			2
			v-2	箱庭の外側に気をとられている			1	1
			v-3	箱庭を客観的に見ている			1	1
			v-4	自分が動いている	1	1		2
			v-5	箱庭を抱えきれない	1			1
			v-6	真っ直ぐ立っている感じがない		1		1
			v-7	うつ伏せになっている	1	1		2
		人型の傾きがない	v-8	しっかり立っている			2	2
			v-9	箱庭に向かう気持ちがなくなった			2	2
	人型と箱庭型の傾き	人型と箱庭型の傾き	v-10	箱庭を忘れた		1		1
		人型と箱庭型の傾きがない	v-11	動きが止まったものである		1		1
	箱庭型の向き	箱庭型が縦	v-12	自分と対等である	2		1	3
					7	5	7	19

写真6-13　M10関係性図①（人型2，箱庭型2）　　写真6-14　F11関係性図②（人型4，箱庭型2）

写真6-15　F11箱庭「意味がよくわからない」と語られた。

感覚に関する内容が語られていた。「(箱庭を)抱えきれてない」(M10関係性図①：**写真6-13**)[*4]，「(人型は)うつ伏せ。箱庭がよくわからないから」(F11関係性図②：**写真6-14**／F11箱庭：**写真6-15**)」という語りから，箱庭におけるイメージの自

---

*4　M10については第8章にて事例検討を行っているため，箱庭の写真は第8章 (p.177) に示した。

第6章　箱庭制作後における箱庭と作り手との関係性　　139

写真6-16　F7関係性図③（人型3，箱庭型3）

写真6-17　F7箱庭「海のあたりは気に入ってる」，「人のミニチュアはピンとこなかった」などと語られた。

律性に圧倒され，作り手の主体的感覚が非常に弱まっている体験があることが窺える。作り手の主体的感覚については，型の大きさによる表現においても語られていたことも述べたが，大きさによる表現では，人型と箱庭型との相対的な表現となり，語りやその元にある体験においても，イメージの自律性と作り手の主体的感覚が相対化され，両者が区別されて感じられていることが窺われ

140

た。一方，傾きによる表現においては，作り手の混乱，無力さが強く表れ，両者が明確に区別されないままイメージの自律性に脅かされている体験があることが考えられる。このような体験は，第3章の2で述べた，箱庭を外側から捉えるが視点なく，作り手が箱庭における自律的なイメージに呑み込まれているような関係に近いと考えられるのではないだろうか。

　最後に，箱庭型を縦に貼ることで《ⅴ-12自分と対等である》ことが語られていた。このような表現をした作り手は3名だったが，いずれも人型3と箱庭型3（どちらも縦100mm）が用いられていた。「人が持ってるものとか作ったものみたいな感じだったのが，対等になった感じ(F7関係性図③:**写真6-16**／F7箱庭:**写真6-17**)」と語られ，箱庭が主体性，自立性を帯び，両者が独立したものと感じられるような体験があったことが考えられる。

8. 総合考察──本章において示された「箱庭と作り手との関係性」

　本章では，第3章，第4章で述べてきたイメージとそれを体験する主体との関係の在りようが，箱庭と作り手との関係性として関係性図において表れることを示すことができ，さらに，作り手の語りと併せて関係性図の要素ごとに分析を進めることで，箱庭との関係性における作り手の多様な体験を実証的に示すことができた。本章において見出された，箱庭との関係性における作り手の体験は，(a) 作り手の主体的感覚に関する体験，(b) 箱庭との距離の体験，(c) 内と外あるいは境界に関する体験，(d) 自分自身に関する時間的体験，(e) 身体を通したつながりの体験としてまとめられると考えられる（**図6-6**）。(a) の作り手の主体的感覚は主に，箱庭におけるイメージの自律性に対して体験されていると言えるが，作り手自身の存在の大きさとして体験されるもの，箱庭との母子一体的な関係の中で体験されるもの，箱庭を内在化する形で体験されるもの，主体的感覚の弱さとしてイメージに呑み込まれるかのように体験されるものがあると考えられた。(b) の距離の体験に関しては，作り手に何らかの意味として感じられている箱庭との距離の体験，意味としては感じられず曖昧な存在である箱庭との距離の体験，離れているが「見る」といった能動的な関わりがある箱庭との距離の体験，身体を通した融合的な体験があることが示された。(c) の内と外の体験に関しては，母子一体的で箱庭におけるイメージを作

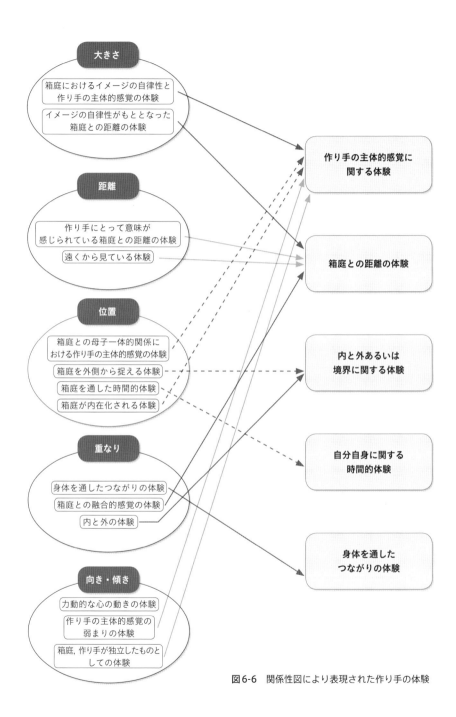

図6-6　関係性図により表現された作り手の体験

り手が内側から探索していくような体験，現実や外的な物事が意識され，客観的，現実的に箱庭を捉える体験があることが示された。さらに箱庭との関係性における境界の体験についても語られ，第4章にて，箱庭と作り手との関係性において特徴的であると述べた境界に関するテーマが，箱庭との関係性の中で体験されることを実証的に示すことができたと言える。(d) の自分自身に関する時間的体験と (e) の身体を通したつながりの体験に関しては，時間的広がり，すなわち水平的な広がりを含んだ自分，身体を介して箱庭における深いイメージを現実のものとして実感し，つなぎとめるといった垂直的広がりを含んだ自分など，箱庭を通して出会う自分の重層的な体験であると考えられた。

　これらはいずれも関係性図によって表れてきた体験であり，必ずしも箱庭と作り手との関係性における体験の全てであるとは言えない。しかしながら関係性図という方法の工夫により，このような関係の在りようとそこでの体験が明らかとなり，箱庭と作り手との関係性という視点から，作り手の心の動きを捉えることの意義が示されたと言えるだろう。本章では調査研究におけるデータから，箱庭と作り手の関係性の在りよう，箱庭との関係における作り手の体験について論じた。本書のはじめに述べたように，本調査研究では，箱庭と作り手との関係性の変化，箱庭との関係性における作り手の体験の変化を検討することを目的として行ったものであり，次章以降は，本章において示されたこれらの体験の変化が作り手の心理的変容とどのように結びついているのかについて，検討していくこととする。

❖文献

東山紘久(1994)．箱庭療法の世界．誠信書房．
井上正明・小林利宣（1985）．日本におけるSD法による研究分野とその形容詞対尺度構成の概観．教育心理学研究，33(3)，253-260．
Kalff. D.M.（1966）．*Sandspiel : Seine therapeutische Wirkung auf die Psyche*．Zürich und Stuttgart: Rascher Verlag．(大原貢・山中康裕(訳)(1972)．カルフ箱庭療法．誠信書房．)
河合俊雄(2013)．ユング派心理療法．ミネルヴァ書房．
川喜田二郎(1967)．発想法──創造性開発のために．中央公論新社．
木下由美子・伊藤義美（2001）．コラージュ表現による感情体験に関する一考察．情報文化研究，13，127-144．

Koch. K.（1957）．*Der Baumtest. 3. Auflage : der Baumzeichenversuch als psychodiagnostisches Hilfsmittel*, Bern: Verlag Hans Huber．（岸本寛史・中島ナオミ・宮崎忠男（訳）（2010）．バウムテスト〔第3版〕──心理的見立ての補助手段としてのバウム画研究．誠信書房．）

久米禎子（2010）．印象評定による箱庭作品の類型化と作り手の個性．箱庭療法学研究，23(2)，39-52．

栗本美百合・高尾浩幸（2010）．造形活動における治療機序──素材体験とイメージ体験過程について．文教大学人間科学部人間科学研究，32，197-205．

桑原知子（2008）．面接という場の「内」と「外」．京都大学大学院教育学研究科心理教育相談室紀要臨床心理事例研究，35，11-13．

桑原知子（2010）．カウンセリングで何がおこっているのか──動詞でひもとく心理臨床．日本評論社．

中道泰子（2010）．箱庭療法の心層──内的交流に迫る．創元社．

中野江梨子（2010）．PDIの前後における風景構成法体験の変化について．心理臨床学研究，28(2)，207-219．

岡田康伸(1984)．箱庭療法の基礎．誠信書房．

齋藤眞（1991）．箱庭表現に対する心理療法家の系列的理解．心理臨床学研究，9(1)，45-53．

やまだようこ(1988)．私をつつむ母なるもの──イメージ画にみる日本文化の心理．有斐閣．

山本昌輝(2002)．「箱庭」と「こころの包み」．箱庭療法学研究，15(1)，3-16．

第7章
箱庭制作後における箱庭と作り手との関係性の変化
体験群の意味と量的分析の視点から

1. 箱庭療法における作り手の心理的変容に関する研究

　第6章では，箱庭と作り手との関係性を検討するために実施した調査研究について，関係性図の分析という視点から，箱庭と作り手との関係の在りよう，箱庭との関係性における作り手の体験について論じた。それにより，第3章，第4章にて論じてきたイメージとそれを体験する主体との関係の在りよう，箱庭と作り手との関係の在りようが，作り手の実際の体験として，関係性図という方法を通して表れていたことを示すことができた。一方で，本書のテーマである作り手の心理的変容について迫っていくには，箱庭と作り手との関係性の変化，箱庭との関係性における作り手の体験がどのように変化していくのかについて，目を向ける必要があると考えられる。よって本章では，第6章で論じた調査研究のデータについて，箱庭と作り手との関係性の変化の視点から分析を行い，箱庭療法における作り手の心理的変容の在りようについて迫ることとする。

　箱庭療法における作り手の心理的変容については，制作中の作り手の主観的体験に迫る調査研究が近年多く行われており，石原（1999）の箱庭におけるPAC分析の研究をはじめ，後藤（2003）や楠本（2013）の研究などがある。第1章の1❺（ⅱ）にて取り上げたように，これらの研究は，作り手自身に箱庭制作中の体験の言語化を促すことによって，作り手の体験を記述しようとするものであった。さまざまに方法の工夫がなされながら制作中の作り手の体験に迫る研究が行われているが，第2章にて明らかになったように，作り手の箱庭制作後の体験も，作り手の心理的変容の機序を検討するために取り上げていく必要があると考えられる。箱庭制作後に焦点が当てられた研究には，制作後に物

語を作る方法の検討（三木，1977；岡田，1993）や，「箱庭療法における認知－物語アプローチ」（大前，2010）の研究，箱庭制作後の作り手と見守り手との言語的やりとりに表れる体験過程の測定（平松，2001）などがあるが，これらは物語化や意識化の観点からのものであり，制作された箱庭を作り手がいかに体験していくのかという点については触れられていない。そこで本研究では，作り手と箱庭との関係性という視点から，箱庭制作後の作り手の体験に迫り，箱庭療法における作り手の心理的変容について検討することとした。

2. 箱庭制作後における箱庭と作り手との関係性

箱庭制作後の箱庭と作り手との関係性については，これまでどのように論じられてきたのだろうか。岡田（1984）は**図7-1**を提示し，「作品と制作者の相互作用」について論じている。矢印①は「制作者」が「作品」を作る過程であり，イメージの動きが集約されたものが作品となるということ，矢印②は作品から制作者への働きかけ（反作用）であり，砂の感触，作品から受ける印象，玩具からの作用であるとし，両者の間に相互作用が生じていることを述べている。また「『この作品であなたの好きな場所はどこですか』とか，『この作品にあなたがいるとすると，どこにいると思いますか』などの質問をして，作品と制作者との間に制作後も相互作用をおこさせようとする」と述べられており，言語的なやりとりによって，制作後にも作品と制作者との相互作用が続くことが想定されている。

また中道（2010）は，岡田のモデルを参考に，「箱庭作品とクライエントの関係」について考察している。**図7-2**を提示し，「クライエントは，自己の無意識と

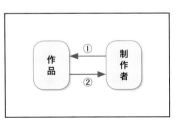

図7-1　作品と制作者の相互作用
　　　　（岡田，1984）

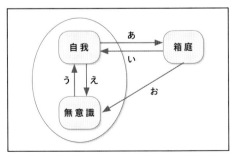

図7-2　箱庭作品とクライエントの関係（中道，2010）

の対話（う），（え）を通して，箱庭の中に内界を表現し（あ），表現したものから意識的にも無意識的にもフィードバックを得る（い・お）。それをもとに対自的コミュニケーション（う，え）を進め，再び箱庭に表現していくということを繰り返すのである。つまり，箱庭との交流を通して，クライエントの対自的コミュニケーションが促進される。」と述べている。ここでは，先の岡田（1984）のモデルと違って，作り手の無意識が想定されており，それにより箱庭と作り手との関係性において，作り手の対自的コミュニケーションへと結びついていく可能性が示されていることが特徴的である。さらに中道は，スーパーヴァイジー－スーパーヴァイザーという関係性が成立している中で1回の箱庭制作を行ったBさんの事例より，箱庭とそこから生じる対自的コミュニケーションについて，以下のように述べている（括弧内は筆者の補足）。

「Bは，〈（箱庭制作を）終えられていかがですか？〉という面接者の問いに，『いろんなことを思い起こさせてもらった』と答え，『これで終わりではなく』『これが始まり』になると続けている。つまりBは，箱庭制作を通して現在のBの在り方を支えている重要な鍵となる体験へと辿り着き，それを『始まり』として心の作業を続けていくのではないかと考えられる。通常の心理療法の面接場面では，治療者との対他的コミュニケーションを通してクライエントの対自的コミュニケーションが促進されていく。そして次の面接日を迎えるまでの間，クライエントの中では対自的コミュニケーションが続いていく。クライエントは，対自的コミュニケーションの中で起こってきた思いを抱えて，次の面接に臨むという作業を繰り返している。筆者自身もクライエント体験をしたときに，一度きりの面接の後，いろいろな思いが自己の内に生じ，気がつくと面接場面のように内界で語り続けている自分がいたという経験をしたことがある。もしもBの面接が継続したならば，今回の箱庭制作を通して『始まり』となったことが，次の面接の中で表現されていくのであろう。面接者との間で行われるこの繰り返しの作業は，心理療法で行われる重要な作業のひとつであるといえる。」（中道，2010，pp.153-154）

ここでは，1回の箱庭制作によって活性化した作り手の対自的コミュニケーションが，箱庭制作後も次の面接まで続いていくことが示唆されている。岡田

(1984),中道（2010）の記述を併せて考えると，箱庭と作り手との間には相互的な作用を伴う関係性が存在し，その相互作用により制作後には作り手の内省の促進へと結びついていく可能性があることが言えるだろう。

さらに河合（2002）は，「自分が自分を眺めるというのも主体のあり方の重要な契機であるけれども，箱庭はまさに主体が自分を表現し，分節すると同時に，その主体を鏡に映し出すことによって，それを自己反省することが可能になるのである。したがって箱庭療法とは，どこまでも自分を箱庭の世界に投入し，そこに自分を委ねていくと同時に，それを外から眺めて把握しているということが生じている治療である」と述べている。つまり，箱庭と作り手との間には，作り手が自分で自分を表現し，それを自分自身で捉えるという構造が存在しているのであり，そのような構造が自分の在り方に契機をもたらすものだと言えるだろう。箱庭とのこのような関係性における関係の変化をみていくことは，箱庭との関係性を通した作り手の在りようの変化をみていくこととつながるものであり，その意味で，箱庭療法において作り手がなぜ変容していくのかという本書のテーマにおいて重要な視点であると考えられるだろう。

3. 本章における「箱庭制作後」とは

本章では，第6章で記述した調査研究におけるデータを箱庭と作り手との関係性の変化の視点から検討していくが，中道（2010）での記述をもとに第6章にて述べたように，本章においても箱庭制作直後から1週間後の調査面接までを「箱庭制作後」として捉えることとする。また本章では，箱庭と作り手との関係性の変化について論じるため，図6-2に示したように，「箱庭制作後」のなかに，箱庭制作直後から箱庭を味わう時間のあとまでと，面接#1終了後から面接#2までの2つの時間があることに着目する必要があるだろう。

具体的に2つの時間の質的な差異を考えると，味わう時間においては，箱庭を眺め，見守り手と言語的やりとりを交わすというように，見守り手の存在がある中で箱庭と作り手との関わりが生じることになる（味わう行為は，作り手と見守り手との関係性やその時によりさまざまであると考えられるが，ここでは制作後に箱庭を目の前にしながら作り手が箱庭を言葉にし，見守り手がそれを聴くことを想定している）。また箱庭が作り手の目の前にあるため，直接的に箱庭から訴えかけられるもの

があり，短時間ではあるが箱庭と作り手との間に活発な関わりが生じると考えられる。よってここでは，見守り手が存在すること，作り手の目の前に箱庭があること，作り手が箱庭を言葉にすることを特徴として考慮しておく必要がある。次に，面接#1終了後から面接#2までであるが，作り手は面接室を出た瞬間から日常生活に戻り，物理的には箱庭と関わることなく1週間を過ごすことになる。その中で，箱庭がどれだけ作り手の意識にのぼるのか，箱庭制作の体験について誰かに話すことがあるか，どのような形で対自的コミュニケーションが続いていくかは作り手ごとに異なるだろう。ただ，調査者の前で箱庭を作り，1週間後に再び面接があるという条件はどの作り手も同じである。よってここでは，作り手がそれぞれ異なった日常の中で1週間を過ごし，箱庭のことを思い出す，考える，話すことの有無もさまざまであること，しかし面接#1で箱庭制作，味わう時間を体験し，その1週間後に再び同じ調査者による面接があるという条件は同じであることが特徴として考えられる。このように制作直後から1週間後までが質的に異なる2つの時間に分けられるため，まず本章では，それぞれの時間における箱庭と作り手との関係性の変化，そこでの作り手の心の動きを検討することとする。

4. 本章の目的

箱庭制作後における箱庭と作り手との関係性の変化を検討することは，箱庭との関係性を通した作り手自身の在りようの変容を検討することとつながるものであり，箱庭療法における作り手の心理的変容を明らかにする上で重要な視点である。また，本研究で扱う「箱庭制作後」には大きく2つの時間があると考えられることから，本章では，第6章で扱った調査研究データをもとに，箱庭と作り手との関係性がそれぞれにおいてどのように変化するのかを明らかにすることを目的とする。特に，変化の在りようを群としてまとめ，量的方法の結果と併せて，その意味について考察する。

5. 結果と考察──関係性変化の群とその意味
❶ 箱庭を味わうことによる変化

まず，箱庭を味わうことによる箱庭と作り手との関係性の変化，すなわち関

係性①から関係性②への変化について見ていく。一人ひとりの作り手にどのような変化があったかを見るため，関係性①及び関係性②について，関係性①から関係性②への変化についての語りを作り手ごとにインタビューの逐語文から抜き出した。関係性図を参考にその語りを熟読し，各作り手が体験した関係性変化の内容を1枚のカードに簡潔にまとめ，記入した。全作り手についてその作業を行い，その後，KJ法（川喜田，1967）を参考に26枚のカードの分類を行った。この際，あくまで作り手の語りを根拠とし，関係性図に表れている変化については，作り手に語られた意図の通りに理解した。なお，語りをカードにまとめ，分類を行う過程については，恣意的な分類になるのを避け妥当性を得るため，臨床心理学専攻の大学院生1名とともに合議，検討しながら行った。その結果，以下の3つの群が生成された。その結果は図7-3に示した。

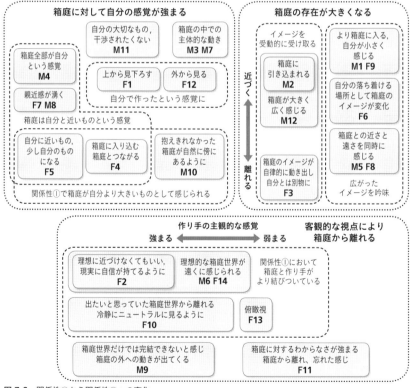

図7-3　関係性①から関係性②への変化

(自分群) まず1つ目は，箱庭に対して自分の感覚が強まる変化が見られた群であり，男性6名，女性5名の11名が分類された。この群は，自分が箱庭を作ったんだという感覚を得る，箱庭のなかにいる作り手に主体的な感覚が生じる，箱庭が自分に近いものとして感じられるなど，箱庭との関係性において，作り手の自分の感覚が

写真7-1　F7関係性図②　（人型3，箱庭型3）
「くっついてるみたいな，触れてるみたいなイメージ」と語られた関係性図

強まっていることが特徴的であった。F1，F12は，この箱庭は自分で作ったんだという感覚が強まったこと，M4は箱庭全部が自分であるという感覚が生じたことを語っている。またF4，F5，M10は関係性①において，箱庭がとても大きく抱えきれない感じであったが，関係性②では自ら箱庭に入り込む，自然に傍にいるようになるなど，作り手の主体的感覚が強まる変化があったと語っている。人型が箱庭型に入り込むような関係性図，人型が箱庭型にくっつくような関係性図も見られ（F7関係性図②：**写真7-1**／F7箱庭：p.140 **写真6-17**），箱庭とつながった，近づいたという語りが多かったことも特徴的である。また，M3とM7は関係性①において，「(人型は）どこに置いてもいい」（M7），「いてもいなくてもいいくらいの小さい自分」（M3）と語っていたが，箱庭を味わうことで，箱庭の中での主体的な動きや自分の居場所が明確に表れるようになっており，箱庭と作り手が結びついた上で，自分がいる感覚を見出す体験があったと考えられる。

　この群では，自律的なイメージの力が働きながら出来上がった箱庭を自分のものとして見守り手に語ること，自ら言葉にする中で制作過程を振り返ることにより，作り手から自ら箱庭に関わる心の動きが生じ，箱庭との関係性において自分の感覚を強める体験があったと考えられる。なお第6章にて関係性図の分析から，(a) 作り手の主体的感覚に関する体験があったことを述べたが，関係性変化の視点から捉えると，箱庭との関係性において作り手自身にとって，主体的に存在する感覚，主体的に関わる感覚など主体的感覚が体験されていると記

述できるまでいかず，箱庭は自分のもの，自分と近いものというように，作り手にとって自分が表れてくる体験に留まると考えられる作り手が見られたことから，自分の感覚が強まる変化とした。自律的なイメージが働きながら出来上がった箱庭であっても，自分で言葉にすること，自分で眺めることによって，作り手自身にとっての箱庭が，自分との結びつきがより強いものとして表れ，制作後に箱庭を味わうことにより，自分が強く意識されるようになる体験があることが考えられるだろう。

(箱庭群) 2つ目は，箱庭の存在が大きくなるという変化が見られた群であり，男性4名，女性4名の8名が分類された。この群は，自分が箱庭に引き込まれるように感じる，箱庭に対してアンビバレントな感覚を抱くようになるなど，箱庭と作り手との関係性において箱庭の存在がより大きなものとなったことが特徴的であるが，群内では，箱庭と作り手が近づくのか離れるのか，広がったイメージを受動的に受け取るのか，作り手自身が吟味する動きがあったのかという点で違いが見られた。箱庭が大きく広く感じ，引き込まれたと語ったM2，M12は，味わうことで箱庭のイメージそのものをより深く体験していたと考えられる。F3は，味わうことで「一つひとつの動物たちに，それぞれの意志がある気がしてきました」，「バラバラだったのが，一つの共同体，街の一風景としてつながっていった」と語っており，イメージの自律性を明確に体験していたと言える。その広がりは自分の意志を超えた一つの世界として感じられているが，これは「『私』のものでありながら，まったく『私』の思うままにはならない」(河合，1991)夢の体験と重なる。夢は，そこに表れてきた自律的なイメージを「当人がどう受け止めるかが最大の意味をもつ」(河合，1991)と言われているが，ここでF3は箱庭と「手をつないでいる感じ」と語っており，自律性を持った自らのイメージと独立しながらもつながり，寄り添う態度が窺える。F3により語られたこのような体験からは，イメージと距離を保ちながらも客観的に捉えるのではなく，イメージの自律性による広がりを感じ，そのイメージとつながるという関係が体験されることがあることを示していると言える。さらに「手をつないでいる」と語られたように，その関係は友好的で温かく，箱庭が作り手にさまざまなことを伝える存在として体験されていると考えられるだろう。箱庭が大きく広く感じ，引き込まれたと語ったM2，M12とF3は，

味わうことで広がったイメージを受動的,受容的に体験し,その自律性を深く感じるようにイメージを体験するようになったと考えられる。M5,F8は,箱庭と自分の近さ,つながりを意識するが,同時に自分とのそぐわなさ,ずれも意識され,不安定でアンビバレントな関係が体験されている。また先の3名と異なり,イメージに対して思考が働き,吟味がなされていることが考えられ,第6章で(b)箱庭との距離の体験として述べた中の,「作り手にとって何らかの意味が感じられている箱庭との距離の体験」に近いことが考えられるだろう。

このように箱庭群全体の中では,イメージに入り込むのか離れるのかの違いが見られたが,箱庭の存在が大きく感じられるとともに,箱庭における自律的なイメージから強く訴えかけられる体験があることは共通しており,第3章の2で述べたように,自律的なイメージを内側から体験することによる変容の可能性を孕んでいることが考えられるだろう。

客観視群　3つ目は,客観的な視点により箱庭から離れる変化があった群であり,男性2名,女性5名の7名が分類された。この群は,味わうことにより,作り手に箱庭に対する客観的な視点が生まれ,自分の理想だと感じられていた箱庭がより遠くに感じられたり,箱庭に対するわからなさが生じていたり,俯瞰視するようになったりするという特徴があったが,群内では,作り手の主体的感覚が強まるのか弱まるのかという点において差異が見られた。F2,M6,F14は,関係性①において,箱庭が自分の理想的な世界だと感じていたが,味わうことで,それはあくまで理想であり現実的ではないという感覚が強まっており,言葉の共通性によって客観的な視点が生じ,制作直後とは異なる次元から箱庭を捉えるようになったと言える。さらにF2,M9は,現実に自信が持てるようになる,箱庭の外への動きが出てくるなど,箱庭から離れる方向へ作り手の主体的感覚,心の動きが生まれていることが特徴であるが,箱庭に対する主体的な感覚ではないところが自分群との相違点であると言えるだろう。F11は,箱庭に対するわからなさが強まり,関係性図②において人型がうつ伏せであるイメージを表現していることから(**写真6-14**参照,p.139),箱庭に対して成す術がなく,作り手の主体的感覚が非常に弱まっていることが窺える。

この群では,箱庭を言葉にすることで作り手が制作直後とは異なる客観的,現実的な視点から箱庭を捉えるようになっており,箱庭制作で体験されるイメ

ージの自律性が損なわれてしまったように感じられる。このような体験は，第2章において述べたイメージ変容の体験型のうち，「客観化型」に当てはまるものと考えられるが，関係性の視点からその体験を捉えると，F2，M9など，客観視と同時に主体的な感覚が強まる体験をした作り手がいることから，必ずしも，「言葉の客観性によってイメージの豊かさを失」うことが「箱庭制作体験を生かすことができなかった」（p.59）ことにはつながらないと考えられるのではないだろうか。関係性②から関係性③への変化を含めて検討することで，味わう時間に箱庭を客観的に捉えるような体験があっても，作り手に心理的変容が生じる可能性について考えていくこととしたい。

❷ 面接から１週間後の面接までの変化

次に，１週間後の面接までの変化，すなわち関係性②から関係性③の変化について検討を行った。関係性①から関係性②での群分けと同様の目的，意図により，関係性②について，関係性③について，関係性②から関係性③への変化についての語りを抜き出す形で，同様の手順で分類を行った。なおこちらも，同じ大学院生とともに合議，検討しながら行った。その結果，3つの群が生成

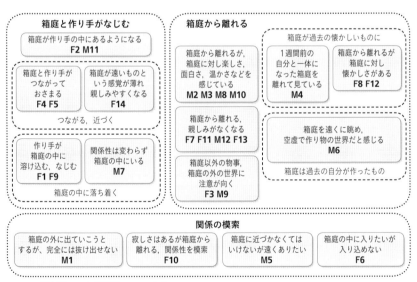

図7-4　関係性②から関係性③への変化

された。その結果は，**図7-4**に示した。また，面接#2のインタビュー項目3において，1週間での箱庭に関する体験について尋ねており，その内容は関係性②から関係性③への変化に関わるものと考えられたため，各作り手について，面接#1から面接#2までの1週間で箱庭を思い出し，考えた体験，誰かに話した体験があったと語られたか，なかったと語られたかについて，**表7-1**に示した。内容については，以下で検討していく。

なじみ群　まず1つ目は，箱庭と作り手がなじむという変化が見られた群であり，男性2名，女性6名の8名が分類された。この群は，箱庭と作り手がなじむ，つながるという変化が見られた作り手であり，群内では，箱庭が自分の中にあると感じるようになった作り手，箱庭との親和性が増した，つながりを感じるようになった作り手，自

表7-1　1週間における箱庭に関する体験の有無

群	作り手	思い出す，考える体験	話す体験
箱庭と作り手がなじむ	F2	○	×
	M11	○	○
	F4	○	○
	F5	○	○
	F14	○	○
	M7	○	○
	F1	○	○
	F9	○	○
箱庭から離れる	M3	○	×
	M2	○	○
	M10	×	○
	M8	×	×
	M4	○	○
	F12	○	○
	F8	○	×
	F7	×	○
	F11	×	○
	M12	×	○
	F13	×	×
	F3	×	×
	M9	×	×
	M6	×	×
関係の模索	M5	○	○
	F6	○	○
	F10	○	×
	M1	×	×

分が箱庭の中にいるようになった作り手の3つに大きく分かれた。F2とM11は，「箱庭がいつも自分の中にあるものって感じ」(F2)，「自分の中にしまっておくみたいな」(M11)と語り，箱庭が作り手の中に内在化していったと言える。関係性図では，F2は箱庭型4の上に，それが体にすっぽり収まる形で人型を貼り（F2関係性図③：**写真7-2**），M11は画用紙の裏に箱庭型を貼ってそれをうっ

写真7-2 F2関係性図③（人型2，箱庭型4）
人型の下に隠れるように箱庭型を
貼っている

写真7-3 M11関係性図③（人型3，箱庭型3）
画用紙表に人型，裏に箱庭型を貼り，
透かして見ると箱庭型が見える

写真7-4 M11箱庭 自身の「理想世界」を作ったと語られた。

すらと覗くように表に人型を貼っており（M11関係性図③：**写真7-3** ／M11箱庭：**写真7-4**），一見箱庭型が見えないが，人型との関係性の中では存在しているものとして表現されたことが非常に特徴的であった。「ふとした瞬間に（箱庭が）出てくる」（F2）という語りからは，箱庭での体験，箱庭に向き合ったときの

感覚が自分の中に常に存在していて，ある瞬間に表れてくるものとして感じられていることがわかる。1週間での体験については，両者とも箱庭を作った日，あるいは，面接#2の前日に箱庭のことを少し思い出す程度で，箱庭のことを人に話したと語ったM11も，作ったその日に「箱庭を作ったってことくらい」で「どういうのを作ったとかは言ってない」と語った。面接#1が終わってから，箱庭制作と箱庭を味わうことによって刺激されたイメージは，作り手にとって特別に意識されないまま作り手自身の中におさまっていき，面接#2で改めて箱庭との関係を尋ねられたことで，自分のなかにあるという感覚が表現されたと考えられるだろう。

次に，箱庭に対して「つながってるっていうのをすごい感じる」,「愛着が湧いてる」(F4),「おさめられるようになってきた」(F5),「親しみやすくなった」(F14)と語った3名は，箱庭と近づくことで，体験を自分のものとしていったと考えられる。またF4，F5は，関係性図③において「(箱庭と)手をつないでいる感じ」(F4),「触れていたい感じ」(F5)と語り，身体を通してつながる感覚を抱いていることがわかる。3名とも，1週間で箱庭のことを考えることが何度かあった，箱庭のことを人に話したと語っており，特にF4は，どんな箱庭を作ってどんなことを思ったかなどを詳しく話し，さらに箱庭から自分なりの気づきを得ており，1週間のなかで箱庭により積極的に関わるような心の動きが生じていたと考えられた。この3名は，作り手に意識される形で箱庭との関わりが生じていたため，身体を通してつながるなど，実体ある箱庭との関係性がイメージされたと考えられるだろう。

そして，箱庭の中に落ち着くようになったと語った3名は，関係性図③について「(箱庭に)溶け込めた」(F1),「(箱庭に)根ざしてる」(F9)などと述べており，箱庭が自分の居場所として定まった感覚があることが窺える。1週間では，3名とも箱庭について思い出し，考える体験，人に話す体験があり，特に，「何であれ作ったんだろうって考えた」という語りが多いことが特徴的であった。M7は，箱庭と自分とを結びつけてその疑問に対する自分なりの答えを見出そうとしていたが，箱庭制作と味わう体験によって直面した自分に，1週間で改めて向き合う心の動きが生じたことで，自律的なイメージのなかに作り手の主体がなじんでいくような関係へと至ったのだと考えられるだろう。

なじみ群では，以上のような3つの小グループが見られたが，全体として箱庭での体験やそこから受け取った意味とつながり，なじんでいくような変化があったと言える。8名全員が，1週間で箱庭のことを思い出したり考えたりする体験があったと語ったことも特徴的であり，面接#1で既に，箱庭が自分自身とつながりをもったものとして感じられており，1週間の間に，作り手自身の中で箱庭との活発な相互作用が生じていたと考えられる。臨床場面を考えると，自身の中で生じたさまざまな思いを抱えて次の面接へと臨むクライエントの在り方が想像され，治療的な展開へと結びつく心の動きと言えるだろう。箱庭制作後に，箱庭と作り手とのつながりに関わるような感覚，感情，気づきなどが作り手によって語られた時，見守り手がそれを受け止め，理解していくことで，作り手は自身の中でも理解を深め，それが作り手にとって受け入れられるものとなった時，なじみ群のような体験が表れてくると言えるのではないだろうか。

離れ群　2つ目は，箱庭から離れるという変化があった群であり，男性8名，女性6名の14名が分類された。この群の作り手は，箱庭から離れる，遠くなるなどの変化を報告しているが，群内では，その体験は大きく5つに分かれている。

M2，M3，M8，M10の4名は，箱庭から離れるが箱庭に対して生き生きとしたポジティブな感情を抱いていることを語り，「懐かしいというより，今楽しいことが起こってるみたいな」(M2) など，1週間経った「今」，楽しさや面白さを感じていることが特徴的であった。1週間の体験についてM2，M3は，次に作るとしたら何をやろうと考える中で，「先週どんなのだったかな」と思い出すことがあったと語った。またM2，M10は，箱庭の内容ではなく「心理学のこんな調査があるんだよって紹介する感じで(人に)話した」(M2) と語り，箱庭と自分自身を結びつけて考えるような体験が報告されていたなじみ群とは異なり，箱庭そのものに感覚的な面白さ，楽しさを感じていたと考えられる。弘中 (2005) は，「大人のクライエントによる箱庭が作品としてまとまりをもつ」一方で，子どもは「遊びのリアリティが勝った箱庭表現」となし，「主観的なリアリティをもたらす刺激的な(非言語的)体験」を伴うことを述べている (p.27)。つまり，この4名は表現としてまとまった箱庭を内在化するプロセスを辿るのではなく，

まるでプレイセラピーでの箱庭のように，感覚的，非言語的な側面が強く体験され，面接#2において再びその感覚が賦活されたことが推察されるだろう。

M4，F8，F12の3名は，1週間前に結びついた体験や懐かしさなど温かい関係が残ってはいるものの，箱庭を過去のこととして体験していると言える。3名とも，1週間で箱庭について考える体験があったと語り，「こういうものを自分は表したかったのかなって振り返ってました」(F8)，「何でかなっていうのはすごい考えました」(M4)というように，自身の箱庭の体験について内省を深めていた。またM4は1週間の間で，心理臨床に携わっている人に対して箱庭の体験を話したと語っており，F8が「箱庭を味わい尽くして，十分仲良くしたって思ったので下火になった」と語るように，1週間での体験を含め，十分密なものとして箱庭との関係が体験し尽くされたため，過去のこととして離れるような心の動きが生じたと考えられる。これら2つの小グループには，関係性①から関係性②で客観視群に分類されていた作り手はおらず，面接#1で客観的な視点が入らなかったことによる離れ方であると考えられる。

次にF3，M9は，箱庭から離れると同時に，「自分のなかの箱庭の要素は，その他の出来事に埋もれて小さくなって」(F3)，「(箱庭の)外の世界をもっと意識した」(M9)と語り，箱庭とは別の物事，箱庭の外の世界に注意が向いていることが特徴的であった。1週間では，2名とも箱庭に関わる体験はなかったと語ったが，「箱庭は全体の中の一部だろうなって客観的に思えてきて」という語りからは，箱庭との関係性が完全に失われたのではなく，作り手の視野が広がり，箱庭を自身のたくさんある体験のうちの一つと捉えるようになり，外界へ，先へと開かれていく作り手の心の動きが感じられる。

M6は，箱庭が「空虚」，「無理に温かく見せられてる世界」と感じるようになったと語るとともに，関係性図③について「先週の自分はこんなこと考えてたんだなって見てるだけ」と語り（M6関係性図③：**写真7-5**／M6箱庭：**写真7-6**)，箱庭が今の自分とは関係のないものとして感じられていることが窺える。関係性①から関係性②の変化においても，箱庭が「理想の世界」であって「距離が遠くなった」と語り，客観視群に分類されていたが，1週間の生活の中で物事の捉え方が変わるような出来事があり，それが関係性③での変化につながっていると思うとも語られた。楠本（2012）は「制作者は，箱庭制作面接だけでな

く，外界でも主体的に自己の課題に取組み，気づきを得て，生き方の変容が生まれている」と述べているが，M6においても1週間で起きた個人的な体験が，箱庭との関係性に大きく影響したと考えられるだろう。

　F7，F11，M12，F13の4名は，箱庭に対して「親しみがない」（F7）などと語り，箱庭について感じることが「何もない」（F11）ところが特徴であった。F7，M12，F13の3名は，1週間で箱庭のことを思い出したり考えたりすること，話すことはなかったと語ったが，F11はどちらもあったと話した。F11は，面接#1が終了した後に「（箱庭を）作ったけど，よくわからないやつができた」と人に話し，箱庭についても考えたが「わからないなと思って，

写真7-5　M6関係性図③（人型4，箱庭型4）

写真7-6　M6箱庭　「平和な世界」が出来上がったと語られた。

そのあとはもう考えてない」と語り，箱庭が「わからない」ものとして気になっていたこと，しかし「わからない」と思って考えるのをやめたことが窺える。この点が他の3名と異なっているが，F7が「作ることは楽しかったけど，これが心の中を表すのか？って思ったら本当かな？って感じ」と語っているように，4名とも，箱庭と自分自身とが結びついた感覚がなく，自分との関係性が弱い「もの」として感じられるようになったと考えられる。

　群内でこのような違いがあったが，箱庭から離れるようになる点で共通した変化であると言える。

　(模索群)　3つ目は，関係の模索という変化があった群であり，男性2名，女性2名の4名が分類された。この群は，箱庭との間に距離が出てくるが，「完全には抜けられない」(M1)，箱庭の中に入りたいが「どうしても客観的に見てしまう」(F6)など，箱庭との関係に対する葛藤や揺れを体験している作り手が分類されており，関係性①から関係性②において，箱庭を自分のものとして捉えようとするような関わりが見られる自分群の作り手は，模索群へと至ることはなかった。また模索群では，昔の自分と今の自分との関係（M1），自分の地元と自分との関係（F10）など，箱庭との関係が別のものとの関係に置き換わって語られていることが大きな特徴であった。箱庭が作り手と密接に結び付くことで作り手の内的テーマとして語られており，それゆえ簡単に安定することなく，模索の状態が表現されたと考えられる。1週間では，箱庭と関わる体験の有無も，その内容も個々にさまざまであったが，いずれの作り手においても面接#1の時点から箱庭と自分との関係が前述した関係に置き換わって語られており，一度の箱庭制作によって，作り手自身に葛藤や揺れとして明確に感じられる形で，作り手の内的テーマが動き出していくことが示されたと言える。

6．結果と考察——数量的データからみた各群の特徴

　次に，各群の特徴を数量的なデータより捉えていく。まずSD法で用いた20の形容詞対について因子分析を行った。1人に3度行った評定全てを用い，主因子法プロマックス回転で因子分析を行った。因子スクリープロット及び抽出因子の解釈可能性より，3因子の抽出が妥当と判断された。因子負荷が0.45以上の形容詞対を因子に関係のあるものとして採用し，いずれの因子にも0.45

表7-2　因子分析の結果（主因子法プロマックス回転）

	因子 1	因子 2	因子 3	共通性
生き生きした－生気のない	.743	.064	.123	.557
鮮明な－不鮮明な	.712	-.071	-.018	.523
はっきりした－ぼんやりした	.601	-.070	-.182	.412
積極的な－消極的な	.691	-.352	.118	.661
動的な－静的な	.663	-.168	-.050	.494
近い－遠い	.662	.315	.056	.496
親しみのわく－疎遠な	.534	.365	.038	.379
強い－弱い	.506	-.401	-.070	.464
やわらかい－かたい	-.030	.796	-.160	.667
母性的な－父性的な	-.268	.521	.117	.386
あたたかい－冷たい	.335	.569	.052	.398
丸い－四角い	-.116	.554	.090	.341
大きい－小さい	.150	.069	.623	.407
広い－狭い	.086	.185	.716	.545
深い－浅い	-.131	-.067	.552	.329
重い－軽い	-.172	-.384	.532	.456
因子寄与	3.644	2.351	1.615	7.61
因子寄与率(%)	23.34	13.59	10.06	46.99
因子間相関	1	2	3	
1	—	-.102	-.024	
2		—	-.012	
3			—	

　以上の負荷量を持たない4対（「懐かしい－新奇な」，「内側の－外側の」，「自然な－不自然な」，「女性的な－男性的な」）を削除した。残った16対について，再度3因子に指定した主因子法プロマックス回転で因子分析を行い，因子負荷が0.5以上の形容詞対を因子に関係のあるものとして採用し，3因子にまとまった。結果は**表7-2**に示した。

　第1因子は，「生き生きした－生気のない」，「鮮明な－不鮮明な」など8つの形容詞対からなり，箱庭がどれほど作り手の心に直接的に訴えかけてくるものとして感じられるかを表す因子と考えられたため，直接性因子と命名した。第2因子は「やわらかい－かたい」，「母性的な－父性的な」など4つの形容詞対

からなり，箱庭のやわらかさや温かみなど母性的な要素を表す因子と考えられたため，母性性因子と命名した。第3因子は「大きい－小さい」，「深い－浅い」など4つの形容詞対からなり，箱庭の大きさ，広がりや深さなどを表す因子と考えられたため，力量性因子と命名した。また各因子の項目の信頼性を確認するため，クロンバックのα係数を算出した結果，直接性因子は$\alpha=.841$，母性性因子は$\alpha=.701$，力量性因子は$\alpha=.680$となり，因子の信頼性が確認された。

そして関係性①から関係性②において，先に分類した群ごとに各因子の評定値にどのような変化があったかを検討するため，群と評定時期を独立変数，各因子を構成する項目の評定値の合計を従属変数とする2要因分散分析を行った。その結果，力量性因子において5％水準で交互作用効果が有意であった[*1]。力量性因子について単純主効果の検定を行ったところ，客観視群において評定時期の単純主効果が5％水準で有意であった[*2]。分散分析結果を**表7-3**に，力量性因子の平均値を表したグラフを**図7-5**に示した。

以上の結果より，力量性因子においては，客観視群が他の2群に比べて2回目の得点が大きく低下したと言える。客観視群は，箱庭を味わうことで制作直後とは異なる客観的な視点から箱庭を捉えるようになり箱庭から離れたと語っ

表7-3 関係性①から②の各群における因子得点の平均値(SD)，分散分析結果

			直接性因子		母性性因子		力量性因子	
			①	②	①	②	①	②
自分群(11名)			2.36	3.18	2.09	2.00	3.45	3.09
			(6.64)	(7.76)	(3.53)	(3.41)	(4.41)	(4.13)
箱庭群(8名)			1.25	2.50	4.63	4.63	0.25	1.38
			(9.39)	(9.10)	(2.93)	(4.27)	(3.99)	(4.47)
客観視群(7名)			1.00	-1.29	2.43	3.00	2.14	0.29
			(6.92)	(8.48)	(3.41)	(3.37)	(2.41)	(3.04)
交互作用	F値		1.64		.16		3.89**	
主効果	評定時期	F値	.01		.10		.783	
	グループ	F値	.31		1.47		1.17	

** $p<.05$

[*1] $F(2,23)=3.89$, $p<.05$ であった
[*2] $F(1,23)=5.65$, $p<.05$, であり，自分群，箱庭群における単純主効果の結果はそれぞれ，$F(1,23)=.34$, $n.s.$, $F(1,23)=2.37$, $n.s.$ であった。

た作り手の群であるが、箱庭
から感じられる大きさや深
みが損なわれる動きが生じ
ていたと言える。客観視群の
作り手による「この世界がい
いなって思うけど、実際に行
くことはできない」(M6) と
いう語りの裏には、箱庭に表
れた世界が作り手にとって
取るに足らないものだと感

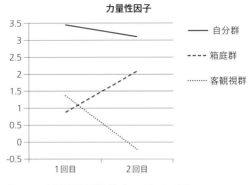

図7-5　力量性因子平均値（1回目，2回目）

じていることが考えられ、客観視群の特徴として、箱庭の力量性が弱まることが新たに示されたと言える。また力量性因子において、箱庭群の得点が増加してはいるが単純主効果が有意とまではいっていないことに着目したい。箱庭の存在が大きくなるという変化が語られていた群であるにも関わらず、力量性因子が有意に増加しなかったのは、箱庭と作り手との関係性において、箱庭の存在が大きくなることと箱庭の力量性が増すこととの違いが影響していると考えられる。F9が「箱庭が大きいって言っても、どっちかっていうと自分がちょっと小さい感じ」と語っているように、作り手との関係性において箱庭の存在が大きくなることと、箱庭自体の広大さ、深さが増して感じられることにずれがあることが考えられる。また箱庭群内で、箱庭とつながる方向へと関係が変化した作り手と、箱庭から離れる方向へと変化した作り手がいたことも影響していると考えられ、後者は、箱庭から感じられる力量性が強まったようには感じられなかったのではないかと考えられる。

　次に関係性②から関係性③において、群と評定時期を独立変数、各因子を構成する項目の評定値の合計を従属変数とする2要因分散分析を行った。その結果、直接性因子において交互作用が10％水準で有意傾向にあり[*3]、母性性因子において評定回数の主効果が5％水準で有意[*4]、力量性因子において評定回

---

*3　$F(2,23)=2.57, p<.1$ であった。
*4　$F(1,23)=7.03, p<.05$ であった。

数の主効果が1％水準で有意であった[*5]。さらに，直接性因子について単純主効果の検定を行ったところ，離れ群において評定時期の単純主効果が有意傾向にあった[*6]。分散分析結果を**表7-4**に，各因子の平均値を表したグラフを**図7-6，7-7，7-8**に示した。

まず直接性因子では，離れ群において得点の低下に有意な傾向が見られており，他の2群と比べ，箱庭から受ける直接性が減少したと言える。箱庭の直接性，すなわち生命感や親近感，鮮明さなどが弱まることは，「(箱庭が)無機質になったかな。生き生きした感じがなくなって今はモノって感じ」(F7)という語りにも表れており，離れ群の特徴を数量的に裏付けたと考えられる。ただあくまで10％の有意傾向であったのは，群内にも箱庭に楽しさ，面白さを感じた作り手がいたことが影響していると言える。また母性性因子，力量性因子では評定時期の主効果が有意となっているなか，直接性因子では，1週間を経てもなじみ群と模索群で得点の低下が見られなかったことは興味深い。特に，なじみ群では高い値のまま保たれており，箱庭となじむという感覚と箱庭から生命感や親近感を受け取ることが密接に結びついている可能性が考えられる。河合(1991)は，「イメージはその人に直接に訴えかけてくる」としてイメー

表7-4 関係性②から③の各群における因子得点の平均値(SD)と分散分析結果

			直接性因子		母性性因子		力量性因子	
			②	③	②	③	②	③
なじみ群(8名)			4.12	3.88	2.38	2.38	2.13	0.25
			(8.71)	(3.88)	(4.47)	(3.58)	(4.85)	(3.20)
離れ群(14名)			2.79	0.93	3.21	1.86	1.64	0.86
			(5.54)	(5.24)	(2.91)	(3.33)	(3.52)	(3.21)
模索群(4名)			-6.50	-3.50	4.00	1.00	1.75	-0.75
			(12.15)	(11.96)	(5.35)	(5.10)	(6.08)	(4.35)
交互作用	F値		2.57*		2.05		1.10	
主効果	評定時期	F値	.12		7.03**		11.05***	
	グループ	F値	2.30		.01		.07	

* $p<.1$, ** $p<.05$, *** $p<.01$

[*5] $F(1,23)=11.05$, $p<.01$ であった。
[*6] $F(1,23)=3.31$, $p<.1$ であり，なじみ群と模索群における単純主効果の結果はそれぞれ，$F(1,23)=.03$, $n.s.$, $F(1,23)=2.47$, $n.s.$ であった。

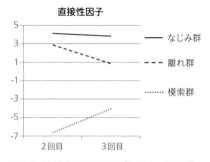

図7-6 直接性因子平均値（2回目，3回目）

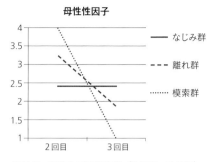

図7-7 母性性因子平均値（2回目，3回目）

ジの直接性を取り上げているが，箱庭から作り手に直接に訴えかけるという作用は，問題部分で取り上げた図7-1，図7-2における，箱庭から作り手へと向かう矢印の内容に相当し，箱庭と作り手との関係性の変化に関わる重要な作用であるとともに，作り手の内省促進にもイメージの直接性が関与していることが考え

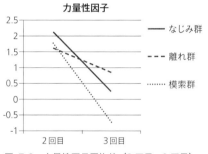

図 7-8 力量性因子平均値（2回目，3回目）

られる。このことは，なじみ群，模索群において，1週間の間に箱庭について思い出す，考える，話すなどの体験が多く語られたこととも重なり，直接性は時間をかけた関係性の深まりに寄与するイメージの性質として捉えることができるだろう。一方，力量性因子と母性性因子は，群に関係なく，作り手全体として得点が低下しているという結果となった。箱庭の大きさや深さ，温かさなどは，没頭的に箱庭を制作した面接の場でとりわけ高く感じられるが，ひとたび面接室を出て箱庭が作り手の目の前からなくなるとそのような主観的感覚は弱まり，何らかの意味を持ったものとして作り手の中に残っていくと考えられる。それにより，力量性因子，母性性因子は全体で低下するが直接性因子は低下せず，箱庭からの意味を強く受け取ることのなかった離れ群では直接性因子が低下したと考えられる。

7. 総合考察——各群の特徴からみる箱庭と作り手との関係性

　本章では，関係性①から関係性②への変化，関係性②から関係性③への変化を分けて検討してきた。それぞれにおいて，作り手の語りをもとにボトムアップ的に群分けをしたが，同じ内容の群が生成されることはなく，群分けの視点も両者で異なっていたと言える。

　関係性①から関係性②への変化，すなわち箱庭を味わうことでの変化については，客観視群においても群内で作り手の主体的な感覚に違いが見られたように，全体として作り手の自分の感覚，主体的な感覚が強まるのか，あるいは箱庭に対して受動的な態度となるのかという点が，関係性変化の重要な意味となっているようであった。味わう時間には，箱庭を自らのものとして語ることや，箱庭制作体験の振り返りが強く体験されることで，自分の感覚の強まりへと結びつき，目の前に箱庭がありながらに言葉にし，イメージの広がりが強く体験されることで，箱庭に対して受動的，受容的な在り方へと結びついていたと考えられる。さらに，箱庭が目の前にあるからこそ現実との乖離を痛感し，言葉によるイメージの客観化を体験することで，箱庭を客観視するような在り方へと至っていると言える。このような箱庭と作り手との関係性の変化は，第4章の3にて，箱庭におけるイメージと主体との関係性の言葉による変化として論じたこととつながるものであるが，言葉により主体が自分の感覚を強めるという変化があることは，本研究から新たに見いだされた点であると言える。そして，自分群では作り手が主体的に箱庭に関わる，箱庭との親和性が増すという形で箱庭を通して自分を強く体験するようになり，箱庭群では箱庭に身を任せる，動かされるという形で自身の自律的なイメージを強く体験し，客観視群では箱庭を客観的に捉え，箱庭に没入できないと感じることで自分を意識するとともに，主体的な感覚の変化に関する体験がなされており，このような意味で，作り手自身の在り方の変容が生じ始めていると考えられた。変容へと向かうこのような心の動きは，一定時間，非日常的な面接室に箱庭，作り手，見守り手という三者が凝集的に存在し，作り手が箱庭を語り，見守り手がそれを聴くという行為があったからこそ生じたものであろう。

　そして，関係性②から関係性③への変化，すなわち1週間を経過することでは，箱庭と作り手との距離，結びつきの在りようが群分けの主軸となっていた。

面接が終わってからの1週間というのは，作り手がそれぞれ異なった日常を過ごし，箱庭との内的な関わりの有無もさまざまであったが，日常を過ごすことで，箱庭について再度捉え直すような心の動きが生じたり，物事の捉え方の変化に関わるような出来事が生じたりしていたことは，関係性の変化に影響していたと考えられる。また，箱庭との関わりにおいては，作り手のなかでの内的な関わりと，箱庭制作場面に立ち会っていない人にその体験を語ることでの関わりに分けられた。内的な関わりにおいては，箱庭を通して直面した自分について内省を深め，そこから気づきを得るなど箱庭との意識的な関わりの在り方もあれば，それほど意識的ではなくても面白さや楽しさが残っていたり，箱庭を自身の中におさめたりするような感覚的な水準での関わりの在り方，箱庭から作り手に強く働きかけるような在り方，箱庭との結びつきの感じられなさ故に関わらない，関われないという在り方など，さまざまなものが考えられた。人に語ることでの箱庭との関わりについては，箱庭制作が非日常的で自分の心に向き合うようなイメージ体験であり，人によっては初めての体験であったことからも，自身の体験をおさめることに大きく作用していたと考えられる。さらには，内的で私的な箱庭体験を日常の中で語ることで，内的体験と現実とをつなげ，現実においても自身の体験としていくような心の動きが生じた可能性も考えられるだろう。全体として，面接#1で一度はおさまった箱庭体験を自らの中で捉え直し，位置づけようとする心の動き，あるいは，作り手自身が箱庭体験の中に位置づこうとするような心の動きが反映されていたと考えられる。なじみ群では箱庭での表現，体験とつながり，重なることで，箱庭が親和性を伴って自分のものとなっていき，離れ群では箱庭から離れることで1週間前の自分，あるいはその先，周りにある世界を眼差すようになり，模索群では箱庭との関係性をきっかけに作り手にとって重要なテーマから自分を見出そうとしており，総じて，作り手の個としての在り方と混ざり合いながら，作り手の在りようの変容へとつながっていたと考えられる。

　本章では，関係性①から関係性②への変化，関係性②から関係性③への変化を分けて，群を生成することで，箱庭と作り手との関係性の変化について論じた。次章では，関係性①②③全体の変化の流れを捉えるとともに，4名の作り手を取り上げ，調査事例を質的に検討することとする。

❖文献

後藤美佳(2003).箱庭表現に伴う「ぴったり感」のPAC分析.箱庭療法学研究,16(2),15-29.
平松清志(2001).箱庭療法のプロセス――学校教育臨床と基礎的研究.金剛出版.
弘中正美(2005).箱庭における遊びの持つ治療的意義.精神療法,31(6),25-31.
石原宏(1999).PAC分析による箱庭作品へのアプローチ.箱庭療法学研究,12(2),3-13.
河合隼雄(1991).イメージの心理学.青土社.
河合俊雄(2002).箱庭療法の理論的背景.岡田康伸(編).現代のエスプリ別冊 箱庭療法の現代的意義,pp.110-120.
川喜田二郎(1967).発想法――創造性開発のために.中央公論新社.
楠本和彦(2012).箱庭制作者の自己実現を促進する諸要因間の相互作用(交流)に関する質的研究.箱庭療法学研究,25(1),51-64.
楠本和彦(2013).箱庭制作者の主観的体験に関する単一事例の質的研究.箱庭療法学研究,25(3),3-17.
三木アヤ(1977).自己への道――箱庭療法による内的訓練.黎明書房.
中道泰子(2010).箱庭療法の心層――内的交流に迫る.創元社.
岡田康伸(1984).箱庭療法の基礎.誠信書房.
岡田康伸(1993).箱庭療法の展開.誠信書房.
大前玲子(2010).箱庭による認知物語療法――自分で読み解くイメージ表現.誠信書房.

第8章
箱庭制作後における
箱庭と作り手との関係性の変化
作り手の変容に関する調査事例の検討

1. 制作直後から1週間後までの全体的変化

　第6章,第7章と,箱庭制作後における箱庭と作り手との関係性についての調査研究データについて分析を行い,実際の作り手の表現,語りから,箱庭との関係性における作り手の体験について検討を続けてきた。特に第7章では,箱庭と作り手との関係性の変化について焦点を当て,関係性①から関係性②への変化では,自分群,箱庭群,客観視群が生成され,作り手の自分の感覚,主体的感覚の体験が関係性変化の重要な意味になっていると考えられた。また,関係性②から関係性③への変化では,なじみ群,離れ群,模索群が生成され,箱庭との結びつきの在りようが群分けの主軸となり,作り手の個としての在り方と混ざり合いながら変容が生じていることが考えられた。作り手の表現,語り,そしてSD法による量的分析の結果をもとに,各群の特徴,各作り手の体験の在りようについて考察したが,第7章ではあくまで,関係性①から関係性②の変化,すなわち箱庭を味わうことでの関係性の変化と,関係性②から関係性③の変化,すなわち1週間が経過することでの関係性の変化のそれぞれを分けて検討するに留まっていた。本章では,関係性①,関係性②,関係性③,すなわち箱庭制作直後から1週間後の面接まで,それぞれの作り手がどのような関係性の変化を体験していたのかを検討し,その上で4名の作り手を取り上げ,調査事例の検討より,箱庭療法において作り手がなぜ変容していくのかという本書のテーマに迫る。

　26名の作り手が,関係性①から関係性②,関係性②から関係性③で,どの群に属しているのかを示したのが,**表8-1**である。全9通りの流れのうち,自

表8-1 関係性①から関係性③への全体の流れとその意味

関係性①から②	関係性②から③	人数	作り手
自分群	なじみ群	5名	F1, F4, F5, M7, M11
自分群	離れ群	6名	F7, F12, M3, M4, M8, M10
自分群	模索群	0名	
箱庭群	なじみ群	1名	F9
箱庭群	離れ群	4名	F3, F8, M2, M12
箱庭群	模索群	3名	F6, M1, M5
客観視群	なじみ群	2名	F2, F14
客観視群	離れ群	4名	F11, F13, M6, M9
客観視群	模索群	1名	F10

分群から模索群以外の8通りに26名の作り手が分類されていた。以下で，各流れについて考察を加え，より個別的に検討する必要のある体験については，事例の検討へとつなげていくこととする。

自分群から離れ群　まず，自分群から離れ群に移行した作り手6名についてである。この6名には，箱庭を味わうことで自分の感覚を強め，1週間が経過することで箱庭から離れていったという変化があったと言えるが，箱庭を味わうことで作り手が箱庭に対して自ら関わるような心の動きがあったからこそ，面接#1終了時点でそのような心の動きに一区切りがつき，その後，箱庭から離れる動きに転じたと考えられる。ただ，箱庭に表現した世界に対して「こっち（関係性図①の時）だと，まだ（箱庭の中に）行ってみたことのない場所があるような気がしてて，こっち（関係性図②の時）は全部見えてる」（F12）と語られていることから，言葉にすることで作り手が箱庭を知り尽くした，分かったという感覚になったために，1週間でそれ以上の関わりが起こらなかったという可能性も考えられる。しかし，関係性図3枚の変化について，「（関係の）深さでいうと，ここ（関係性図②）が一番深かったかな」（M4）と語られていることからも，関係性②で箱庭との関係性において自分の感覚に関わる深い体験がなされていたことが推察され，そのため離れ群の中でも，感覚的な楽しさ，面白さ，1週間前につながった体験が残っていると語った作り手が多いことが特徴的であった。箱庭を味わうなかで自分の感覚が強まるような体験があり，1週間後その体験から離れるが，1週間前の感覚的な楽しさ，面白さが再び賦活される

という心の動きには，作り手の意識からは遠いがより無意識的な水準で箱庭との関わりが生じ続けていることが考えられ，臨床場面を想定した際，箱庭を用いた継続的な心理療法でのクライエントの心理的変容に関わる，重要な心の動きであると考えられる。また，箱庭における自律的なイメージから作り手が離れるということが，作り手が箱庭を客観的に捉えるという心の動きだけでなく，作り手の心理的変容にとって意味を持つことがあることを示すため，自分群から離れ群の作り手を取り上げ，事例を検討することとする。特に，箱庭を味わう時間によって，箱庭に対する抱えられなさがなくなり，1週間経つことで箱庭から離れるが「面白い」という感覚を抱くようになったM10には，箱庭における自律的なイメージと作り手の主体的な感覚の変化に関わる体験が明確になされていたと考えられたため，のちに取り上げて検討を行う。

 箱庭群から離れ群　箱庭群から離れ群へと移行した4名は，関係性②において箱庭におけるイメージの自律性を豊かに体験し，その後，箱庭から離れるという心の動きへと転じている。特に，箱庭群の中でも，イメージを受動的に受け取る小グループに分類された作り手（M2, M12, F3）は全員離れ群へと移行していることが特徴的であり，箱庭におけるイメージの自律性を強く体験しながらも，そのイメージが作り手のなかで意味化，言語化されなかったことで，そのまま体験が薄らぎ，離れていったことが考えられるだろう。

 客観視群から離れ群　客観視群から離れ群へと移行した4名は，制作直後の箱庭との結びつきから，徐々に離れる感覚が強くなっていると言える。この4名は離れ群の中でも，箱庭に対する懐かしさや楽しさが感じられることなく箱庭から離れており，箱庭を言葉にすることで箱庭と結びつく体験がなかったことが影響していると考えられる。また，関係性図3枚の変化について，「時間の経過をそのまま辿っているようにみえる」（F13）というように，時間が経ったため，自然の流れとして離れたと語られており，箱庭を言葉にしても，1週間が経っても，作り手から箱庭に対して主体的に関わることも，箱庭におけるイメージの自律性によって強く訴えかけられることもなかったことが考えられるだろう。この4名は，箱庭制作直後から1週間後までの間ではこのような関係性の体験が見られる結果となったが，箱庭制作中の体験がどのようなものであったのかなど，今後丁寧に検討していく必要があるだろう。

箱庭群からなじみ群 箱庭群からなじみ群への移行は，F9の1名であった。F9は，関係性①で「自分は箱庭の一部かなと思ったんですけど，でもその中に含まれてない部分もあるのかな」と思い，箱庭の外に自分がいることも想定していたが，箱庭を味わうことで「(外に)出てる部分って意外と少ないかな」，「箱庭がすごい広い感じ」がしたというように，箱庭の中にいる感覚が強まっており，さらに1週間が経過することで，「箱庭の中になじんでるというか，根差してる感じ」と関係の変化を報告している。F9は，これまで述べた3つの流れと大きく異なり，制作後の箱庭と作り手との関わりにより，関係性③において箱庭との結びつきが最も強まっていることが特徴的である。制作した箱庭に時間をかけて自ら向き合うことで，作り手の心理的変容の契機となる体験がなされており，さらに第4章，第6章にて，箱庭と作り手との関係性において特徴的と述べてきた箱庭を通しての内と外の体験が明確になされていると考えられたことから，F9についてものちに取り上げ，考察することとする。

自分群からなじみ群 自分群からなじみ群へと移行した5名は，味わうことで作り手が箱庭に自ら関わるような心の動きが見られ，1週間でさらに，そこで生じた自律的なイメージ，体験となじむようになっている。味わうことで作り手が箱庭に自ら関わっていくような心の動きは，前述した，自分群から離れ群へと移行した作り手においても生じていると考えられたが，1週間が経つことで箱庭となじむのか，箱庭から離れるのかということには，何が関係しているのだろうか。関係性①から関係性②への変化で，箱庭を自分で作ったんだという感覚が生まれたとして似た体験を報告していたF1とF12であるが，その後，F1はなじみ群へ，F12は離れ群へと移行している。自分が作ったんだという感覚については同じだが，F1は「(箱庭を)上から見下ろしているイメージ」，F12は「(箱庭を)外から見てる感じ」と語っており，箱庭における自律的なイメージに対する作り手の位置に差異が見られる。F12は，自分が作ったものとしての箱庭の意味を掴みきり，箱庭の外に出ていることが考えられるが，F1は，箱庭に没頭的に関わり，自身にとっての意味を掴もうとしている最中であると考えられ，1週間後までもその動きが続いていたことが考えられる。このことは，自分群からなじみ群へと移行した5名全員が，1週間に箱庭のことを考える，話す体験があったと語ったこととも重なり，味わうことで，作り手が箱庭の意

味を掴みきるのではなく，調査面接から離れた日常の場においても箱庭における自律的なイメージに内側から関わるような心の動きが続いていたことが，大きな特徴として挙げられるだろう。

⬛客観視群からなじみ群　客観視群からなじみ群へと移行した2名は，自分の理想の世界としての箱庭が，遠いもの，届かないものと体験されていたが，1週間経つことで，遠い感覚がなくなり，理想は理想としてそばにあっていい，自分の中にあるものだと体験されるようになっている。このような変化についてF14は，「（関係性②では箱庭が）近くに見えてたから，逆に遠くて行けないっていうのが強調されたのかも」，「1週間のうちに記憶が美化されるというか，箱庭の若干の不自然さみたいなのがカバーされて，親しみやすくなった」と語り，味わうことで，目の前の箱庭の理想的な感覚が特に意識されていたこと，1週間では，箱庭が理想的なイメージのままに内在化していったことが窺える。ただ，味わうことで箱庭を客観的に捉え，離れた感覚を持つようになったにも関わらず，日常での1週間を過ごしたあとに箱庭となじむような関係に至るということは，箱庭を言葉にすることでイメージを客観的に捉えるような体験があっても，その後，イメージから離れてしまうのではなく，作り手がそのイメージ，体験を自分のものとしていくという心の動きがあることを示しており，箱庭療法における作り手の変容を検討する上で，新たな示唆を与えるものと考えられる。よって2名のうち，関係性③において箱庭が作り手のなかに内在化され，箱庭との結びつきがより強く感じられていると思われたF2について，のちに事例を取り上げて検討することとする。

⬛客観視群から模索群　客観視群から模索群への移行は，F10の1名であった。第7章4の模索群の特徴において述べたように，F10は箱庭と作り手との関係を「自分の地元と自分自身との関係」として語っていた。関係性①では，「（箱庭（地元）から）早く出たい」と思っている自分が箱庭（地元）の中にいて，関係性②では，「今の自分とは離れたところ」にある箱庭（地元）を冷静に捉えており，関係性③では，箱庭型が箱庭のことなのか地元のことなのかが曖昧になりつつ，そこから離れていく動きがあり，「寂しさは感じてるけど，あまり目を向けてない」と語られていた。制作直後から，箱庭と自分との関係が地元と自分自身との関係として体験され，語られていたため，1週間が経過すること

で簡単に離れて落ち着くという関係に至らないことは，当然のこととも言えるだろう。面接#1で，不意にも作り手が自身の重要な心理的テーマと直面することとなり，味わう時間を通して，自分とは離れたものとして一旦はおさまる形となるが，調査面接から離れた1週間においても作り手なりに地元と自分という心理的テーマに向き合い，「関係を模索している」という語りが出てきたのだと考えられる。つまり，関係性②で「（箱庭（地元）が）今の自分とは離れたところにある」と語られてはいたものの，心のより深い水準では「寂しさ」という感情とともにその心理的テーマは強く残っていたのだと考えられ，調査面接という枠組みを通して，「地元」という言葉に表れた，作り手自身の育った土地やそこにいる友達や家族，すなわち，それまでの自分との関係に向き合う体験となったことが考えられるだろう。

自分群から模索群　次に，該当者がいなかった自分群から模索群への移行であるが，これまで論じてきたように，自分群には，味わうことによって作り手が箱庭に自ら関わろうとするような心の動きがあると考えられる。箱庭に対するそのような主体的な関わりにより，関係の模索という葛藤の状態に至る作り手が現れなかったのだろうと考えられる。

箱庭群から模索群　最後に，箱庭群から模索群へと移行した3名についてであるが，全体として，作り手自身の心理的テーマと向き合うような心の動きが生じていたと言える。3名とも，箱庭群の中でも広がったイメージを吟味するという小グループに属しており，イメージに入り込みながらも受動的に体験するだけでなく，イメージを吟味して把握しようとしたり，位置づけようとしたり，自分自身と結び付けようとしたりするが，イメージを客観的に捉えるところまではいかないという関係が体験されていたと考えられ，1週間が経過しても，そこで深まった心理的テーマに作り手自身が向き合い続けていた。心理的に脆弱性のない一般の大学生を対象とした調査であったため，作り手が自分自身のこととして抱えられる範囲ではあったが，自身が制作した箱庭を目の前にして，それを味わう中でさまざまな感覚や意味を含んだイメージが立ち現われ，作り手の心理的テーマが動いていくことは，作り手の心理的変容について検討していくうえで重要な心の動きであると考えられる。よって，箱庭群から模索群へと移行した作り手も個別に検討していくこととするが，特に箱庭群のなか

でも，箱庭に対するアンビバレントな感情を体験し，箱庭とのあいだで自分が揺り動かされる体験をしていたと考えられたM5を，以下の事例検討において取り上げることとする。

2. 調査事例の検討

　ここからは，前述した4名についての事例を取り上げ，一人ひとりの心の動きから作り手の変容の在りようについて検討していく。事例における作り手の語りは，インタビュー逐語文から筆者が要約したものある。調査者の発言は〈〉，筆者による補足は（）で示した。

事例1　M10（19歳男性・自分群から離れ群）
【面接#1】
箱庭制作時の様子：木や田んぼ，畑，大仏（写真左上），トラ，パンダ，鷲など左側の動物を置いた後，二股に分かれた川を作っていく。その後，人や井戸などを置き，右側の世界を作る。10分23秒。**(写真8-1)**
関係性図①：写真8-2
味わう時間における語り：なんというか，牧歌的な感じ。牧歌的な感じ（右側）とジャングル（左側）と仏像（笑）。小さい動物たちがこの辺からわらわら出てきてたのをイメージしてたんですけど，これくらいでいいかってなりました。あと，人少ないなと思って足したり。ジャングルと田んぼは好きなように置いて作っていく感じで。
関係性図②：写真8-3
インタビュー①：〈関係性図①？〉抱えきれてない感じ。押しつぶされてはないけど，手に余ってる感じ。〈人型の動きや視線？〉耐えて，目を背けてる感じです。重くて横を見ていたいというか，直視できないというか。〈感じていること？〉重い，早く下ろしたい。荷物として重さが重い。〈詰め込まれてる感じ？〉そういう感じがします。一個一個が重いというか。〈関係性図②？〉寄り添ってるというか，無理に持ってる感じじゃなくて，横にある感じ。ちょっと重なってお互いにもたれかかってる感じ。箱庭のほうを見てはないですね。自然に傍にある。〈感じていること？〉ありがとうとか。

写真8-1　M10箱庭

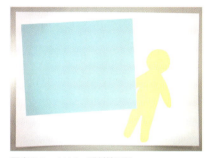

写真8-2　M10　関係性図①

写真8-3　M10　関係性図②

写真8-4　M10　関係性図③

第 8 章　箱庭制作後における箱庭と作り手との関係性の変化

ほのぼのした感じ。〈変化のきっかけ？〉話した時に，牧歌的な方を考えることが多かった気がします。関係性図①の時は，逆にジャングルの方をよく考えてて，ジャングルに目を向けると他も重く感じられるけど，牧歌的な方を考えると他とも折り合いがついて，ほのぼのできる感じかな。話しやすかったのが牧歌的な方だった。〈箱庭について話したり眺めたりしたことの影響？〉視点，意識の先が変わって，捉え方とか関わり方が少し変わったかなと思います。眺めて，話して，すんなりおさまった感じがします。

【面接#2】
関係性図③：写真8-4
インタビュー②：〈関係性図③？〉もうあんまり覚えてなくて，ぼんやりしたイメージを遠くから眺めてる感じがします。よく見えないけど，楽しかった，楽しかったじゃないな，面白いなって感じ。何であああなったのかは分からないけど，分からないから面白いみたいな。〈（人型の）動き？〉少し近づこうとしてる感じですね。よく見ようとするくらいの動きかなと。よく見たいけど近寄れない，近寄りはしない。なんというか，道がつながってないみたいな。新幹線から富士山眺めるみたいなイメージ。

　（関係性図①，②を提示）〈関係性図②から③の変化？〉傍にある時間が終わったから，すっと離れて楽しかったなって眺めてる感じ。〈1週間で箱庭のことを思い出したり考えたりした？〉いや，なかったと思います。〈誰かに話した？〉友達に。心理学の調査で箱庭作ったっていう程度。中身は全然。〈今日来ることについて？〉また箱庭やるのかなとかちょっと思ってましたけど，自分が置いたもの以外は，何があったか覚えてなくて，また目についたもので作るかなと。〈関係性図3枚を見て？〉最初はよく分からなくて重いというか抱えきれなかったのが，すんなり収まるようになって寄り添う感じになって，その時間も終わってゆっくり離れていってる感じです。最初は，いつになったら終わるんだろうとか作り終わるのかとか，なんか分からなかったけど，終えてすっきりというか，よかったなって思い返す。で，その時間が過ぎたのでちょっと遠く離れながら思い返してる感じです。〈今回箱庭を作ったことで自分について考えたこと？〉やっぱり箱庭がよく分からないなと思いました。何であれを作ったのかも，何で大仏とか森に目がいったの

かも分からないし，よく分からないけど面白いなって感じですかね。理由を考えるというか，分からないのを楽しむ，面白がる感じ。

考察：M10は，箱庭に対する抱えきれなさや重たさを感じているところから制作後の関係が始まっているが，関係性図①について「一個一個が重い」と語られていることからは，身体感覚を伴うほどに箱庭におけるよく分からないイメージに圧倒され，ストーリー性のなさを抱いていることが窺えるとともに，「いつになったら終わるんだろう」という途方のなさも感じられていたようである。これらのことから，作り手が箱庭に押しつぶされそうな関係が表現されたと考えられるが，箱庭を味わうことでその関係は大きく変化している。川嵜（2007）は，箱庭には「自我親和的」な部分と「自我違和的」な部分があると述べているが，面接#1でのM10の語りからは，「牧歌的な方」が前者に，「ジャングル」が後者に当てはまると考えられるだろう。制作過程においても，最初に生じてきたジャングルのイメージを遮るように，その違和的なイメージとの安定を図るように川と牧歌的世界が作られており，世界を分断することは制作中のM10にとって必要な作業であったと言える。しかし，違和的なイメージは取り除かれることなく，牧歌的な世界を見つめる動物たちとして表れている。このことより，制作段階から違和的な部分を親和的な部分になじませようとする心の動きがあったと考えられるが，「牧歌的な方を考えると他とも折り合いがつく」という語りからは，箱庭を味わうことでそのような心の動きが確かなものとなったことが窺える。また関係性図①に表れている関係は，箱庭におけるイメージの自律性に対し，作り手の主体的感覚が非常に希薄化している状態と言えるが，関係性図②では「捉え方とか関わり方が少し変わった」，「すんなりおさまった感じ」と語られ，味わう時間によりM10の主体的感覚に大きな変化があったことが分かる。今田（2013）は「セラピストとクライエントの関係が適切に働けば，おのずとクライエントの主体性の回復が促されるようなメカニズムが存在している」と述べており，味わった後，M10の中に「ありがとう」という気持ちや「ほのぼのした感じ」が生じていることを考えると，M10は味わう時間に見守り手との間で箱庭の自律的なイメージを共有したことで，主体的な感覚を強めていったと考えることができるだろう。そして，このような主体的

感覚の回復により，M10は箱庭の自我違和的な部分をわからないままに保持できるようになったと考えられる。

そして1週間が経過すると，箱庭とは「道がつながってない」という遠さを感じるようになり，目の前にないことでの時間的な断絶感が抱かれていたようであるが，箱庭に対し「分からないけど面白い」と感じるようになっている。1週間が経っても，箱庭におけるイメージの自我違和的な部分が切り捨てられることはなく，「なんであれを作ったのか」，「なんで大仏とか森に目がいったのか」という自分自身に向けての問いを開かれた形で体験することで，次の箱庭についても「また目についたもので作るかな」と，思いを巡らすこととつながっている。もし，その後もM10の箱庭療法が続いていたとしたら，ジャングルに表れた自我違和的な部分についてイメージが展開し，そのイメージとの関わりの中で新たな自分へと変容していくというプロセスが生じていくことが推察されるだろう。

つまりM10は，味わう時間に，目の前の箱庭，見守り手，作り手自身という三者関係に支えられる形で箱庭に対する主体的感覚を十分に強め，箱庭との温かく密接な関係を体験したからこそ，1週間で箱庭から離れるような心の動きが生じたのだと考えられる。そして単に離れるだけではなく，自律的なイメージにおける自我違和的な部分を分からないままに抱えたことで，違和部分の自律性が損なわれることなく，作り手の変容がその後へと続いていく可能性を感じさせるものとして，作り手の中に残っていったことが考えられるだろう。

事例2 F9（19歳女性・箱庭群からなじみ群）
【面接#1】
箱庭制作時の様子：滝やその前の橋，神社のあたりから作りはじめ，その後，中央の家，商店街，病院など街を作っていく。さらに，手前の旅館や海の部分を作り，最後に田んぼやログハウスなどを置く。21分30秒。**（写真8-5）**
関係性図①：写真8-6
味わう時間における語り：街を中心に，山と海っていう感じにしてみました。人をいっぱい置いたかなっていう感じがします。ひとつの場所があったらそ

こに誰かがいるので，例えば滝だったら観光に来てる人とか，田んぼがあったら農作業してそうなおじさんがいたりして．それぞれのところには電車で行くのかなと思って，電車を置いてみたりしました．

関係性図②：写真8-7

インタビュー①：〈関係性図①？〉一応街の，家のあたりに自分がいるかなっていう感じで作ったので，自分は箱庭の一部かなと思ったんですけど，でもその中に含まれてない部分もあるのかなと思って，（箱庭型から）はみ出してる部分を作りました．〈あの世界だけに全部自分がおさまってるわけではない感じ？〉はい．〈上半身半分が入ってる？〉はい．頭だけとかいうことはないかなと．〈（人型の）動きや視線の感じ？〉出たり入ったりしてる感じですね．全体はここ（箱庭型）にいるけど，ちょっと違うとこにも出たくなって，また戻ってみたいな感じ．〈関係性図②？〉作った直後は，自分の半分くらい外にいるイメージだったんですけど，話してみると，出てる部分って意外と少ないのかなって思ったんで．最初（関係性図①）より，箱庭がすごい広い感じがしました．箱庭が広いって言っても，これ（箱庭型）が大きい感じではなくて，どっちかというと，自分が小さいみたいな感じかなと．でも全部入ってる感じはやっぱりなくて，例えば滝より向こうとかは，この（箱庭の）中にはないですけど，その辺にも自分がいるかもしれないとか思って．〈（人型の）動き？ 視線？〉（箱庭型の）中から外を見てる感じかなと思います．海の向こう側だったり，街の先にもビル群が立ってたりとかするかなと思いました．〈変化のきっかけ？〉作った直後は，小さい世界なんで自分を置きつつも，もっと外のところにいるかなと思ったんですけど，後から振り返ってみると，これより外のところって少ないんじゃないかと思って．だから出てる部分も少ないのかなと．〈話したり眺めたりしたことの影響？〉作ってるときは，山作って，街を作って，海を作って，細かいところも置いていった感じだったけど，一個ずつ振り返ってみると，自分の想像する範囲ってこんなもんかなーって．外側に想定するものって，そんなになかったかなーって感じで．

【面接#2】
関係性図③：写真8-8
インタビュー②：〈関係性図③？〉先週は，箱庭の外にも広がってるっていうことを言ってたんですけど，その中で足が出てるのばっかりだったと思うんですけど，よく考えたら，頭が出てるほうがその感じにぴったり合うかなと思って。外を見てるみたいな。〈動き？ 視線？〉ここから顔を出して，外見てる感じですね。基盤はここ（箱庭型）にありつつも，この周りも見てるっていう感じ。中は，山があって海があって，小さい街があって，のどかな田舎って感じだったんですけど，外はもっと都会みたいなところが広がってるのかなって感じです。

（関係性図①，②を提示）〈関係性図②から③の変化？〉外を見てるっていうのは共通することかなと思うんですけど，どんどん中にいる割合が高まってるのかなって。こっち（関係性図②）だとやっぱり足が出てるんで，出入りしてる感じが大きいと思うんですけど，こっち（関係性図③）だと頭なんで，見てる割合が多いのかなと。〈1週間で箱庭を思い出したり考えたりすること？〉ありました。なんで自分がああいうのを作ったのかっていうのは考えたんですけど，ちょっとよくわからなくて。〈誰かに話した？〉何を作ったかは言ってないんですけど，箱庭作ってみたことは友達に話しました。〈関係性図3枚を見て？〉最初は自分が箱庭の中にいて，周りももっと広いところかなと思ってたけど，だんだん中に落ち着いてきた感じがあるのかなと。外に目が向いてないといえば向いてないのかもしれないけど，箱庭の中に馴染んでるというか，根差してる感じになったかなと。作ったときは，あれも作ってこれも作ってって思ってたけど，落ち着いて考えると，結構想像力が及ぶ範囲ってそれくらいなのかなと思って。〈今回箱庭を作ったことで，自分について考えたこと？〉作った直後は，やっぱり自分はそこだけに留まってないかなって思ってて，それは現実の自分でも，もっと外の方に行きたい感じがあったりするんですけど，でも落ち着いて考えていくと，この中に含まれてるもの，日常生活っていうのは，この中で収まってて，それが自分かなって。野心がないといえばないんですけど，一応目は向けてるし，こっち（箱庭）も出て行きたいところじゃなくて，まずいる場所として考えられたのも

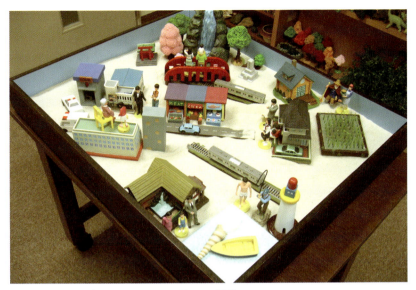

写真8-5　F9 箱庭（作り手の意図により斜めから撮影）

写真8-6　F9　関係性図①

写真8-7　F9　関係性図②

写真8-8　F9　関係性図③

第8章　箱庭制作後における箱庭と作り手との関係性の変化　183

よかったかなと思いました。作ったときは，平和だけどあんまり面白くない場所みたいな感じだったけど，だんだん愛着が湧いてきたら，そう思うようになって。ちゃんと中にいて，そこから外も見ているのが実際かなと。

考察：F9と箱庭との関係性においては，自分が箱庭の中にいるのか，外にいるのかということが，体験の中心となっていることが分かる。箱庭制作直後には，自分が箱庭の中にいる感じがするが，そこに含まれていない部分もあると感じ，外にも出ているという関係が語られる。しかし，箱庭を味わうことによって「出てる部分って意外と少ないのかな」と感じ，「箱庭がすごい広い感じ」がしたことが語られている。この時F9には，味わうなかで，言葉による作り手から箱庭への関わりが生じたこと，目の前にいる見守り手に語ったことにより，制作直後に豊かに感じられていた箱庭の外側を含んだイメージよりも，表現した箱庭自体，箱庭の中に関するイメージの広がりが体験されたのだと考えられる。では，F9が語った箱庭の「中」と「外」とは一体何を意味しているのだろうか。

　F9は，箱庭の「中」を，砂箱の中にミニチュアを用いて表現した世界と表現された世界についてのイメージのこととして語り，箱庭の「外」を，砂箱の中には表現されていないが，表現された世界の周りに広がる世界のイメージのこととして語っている。つまり「中」とは，作り手の目の前に三次元的に存在している世界とそれに伴うイメージを指し，F9にとっては自分自身が現実において表現し，目の前に存在している世界のことであり，目の前には表現されていないが，自身の心の中に広がっているイメージと対比的に語られていると考えることができる。さらに関係性③では，人型のほとんどが箱庭型と重なり，「基盤はここ（箱庭型）」と語られているように，「中」にいる感覚がより一層強まっている。関係性③の時点では，三次元的に表現された箱庭作品そのものはF9の目の前にはもう存在していないが，F9にとっては箱庭との関係性として，箱庭の内と外に関するテーマが色濃く残っていると考えられる。自分自身が現実において表現し，目の前に存在しているものとしての箱庭は存在しないが，それと目の前には表現されていないが，自身の中に広がっているイメージとの対比が，作り手に内在化され，1週間後もそれに関する体験が続いていたと考えられる。そしてここで，「箱庭の中

になじんでる」,「根差してる」という感覚が語られたことは，関係性①,関係性②からの大きな変化であり，作り手自身が表現した現実に根差すような心の動きとして，表れていると言えるだろう。

F9には，このような箱庭の内と外との対比の体験，箱庭における境界の体験がなされていたことが考えられるが，「現実の自分」でも同じような心の動きが生じることがあること，作り手の「日常生活」と結びつけて語られたことは，非常に興味深い。イメージとの関係性において，主体の現実での心理的テーマが表れてくることについては，第3章の7において臨床事例の検討から述べたが，それと同様のことが箱庭とF9との関係性においても生じていたと考えられるのではないだろうか。今回は，調査研究という枠組みであったこともあり，箱庭との関係性における体験が現実でも起きていることが作り手にとって意識化され，言語化されていたが，このように明確に意識化されずとも，現実における作り手の在り方にとって変容の契機となるような心理的テーマが箱庭との関係において体験されることは，第3章の7で論じたように「現実の中で表れてくる主体の心理的テーマがイメージとの関係の中で体験され，イメージとの関係の中で体験されたことが現実へとつながる」こととなり，箱庭との関係性において作り手が心理的に変容していくことの機序となっていると考えられる。

また友久 (2010) は，心理臨床における境界とは,「意識と無意識」,「自と他」,「心と体」,「生と死」などの境界に関わるものであり,「『境界』や『境界イメージ』について考えることは，心理療法にとって重要なこと」,「豊かな境界イメージを喚起することによって，そこに人格変容の可能性を期待されている」と述べている。このような境界に関するテーマが，箱庭との関係性において体験されることは意義深いが，さらに友久は，クライエントとセラピスト，意識と無意識，心と体，そして生と死などが対立的概念として区別して論じられることは「『境界』そのもの，心理療法そのものの在り方をねじまげてしまう」ことであり,「境界そのものに重要な意味がある」と述べている。F9の語りにおいても，箱庭の「中」として体験されていたものは，作り手の「外側」に現実として現れていたものであり，箱庭の「外」として体験されていたものは，作り手の「内」でのみ感じられるイメージとして現

れ，何が内で何が外なのかという区別された内容よりも，境界における作り手自身の体験そのものが重要になっていたと考えられる。つまり，箱庭との関係性における境界の体験の中で，自分が表現したもの，今いる自分の場所に根差す感覚を持ったこと，境界の体験の中で「外側」を眼差しながらも，今いる自分を大切に受け止める体験となったことが，F9の在り方の変容として表れてきていたと言えるだろう。

事例3　M5（22歳男性・箱庭群から模索群）

【面接#1】

箱庭制作時の様子：底が見えるように砂に円を描き，針葉樹，ピンクや黄色の木，茂みを置いた後，中央に滝と大仏を置く。最後に，鷲を右縁に置く。24分23秒。(写真8-9)

関係性図①：写真8-10

味わう時間における語り：あんまり人を入れずにやりたかったのと，木とか自然がいい感じなのでそれを使って。最初は自然だけかなと思ったんですけど，なんか欲しいと思って。人は嫌だし，動物もありきたりだし，大仏かなって。周りは水で孤島みたいな感じにして。中は暗いイメージなんですけど，外は明るい感じ。なんか寂しかったんで，誰かいてくれる感じにしようと思って，鳥を。草で境目を作って，別々の雰囲気を表わせればいいかなと。暗い所で修業しているイメージ。

関係性図②：写真8-11

インタビュー①：〈関係性図①？〉この世界自体が結構広い空間。自分はこの鳥より遠め，鳥の後ろから大仏を眺めてて，明るい世界から暗い世界を眺めてる感じです。できるだけ遠めなのを意図したくて，人型は小さくしました。〈箱庭を見て思ってること？〉暗いなって。茂みの中でどっしり座ってやってる感じ。重い雰囲気。〈関係性図②？〉もっと遠いかなと。見てる方向は一緒なんですけど，なるべく遠くから見ていたい。〈(箱庭型の)大きさ？〉関係性図①では明るい世界も交じって，まだ広い感じがあったんですけど，関係性図②は暗い世界がほとんど占めて，閉鎖的かなと思って。〈斜めに貼ったこと？位置？〉人が，上から箱庭を見てる感じ。箱庭がステージだとす

ると，結構後ろの方から見てるというか。〈変化のきっかけ？〉箱庭を見て話してると，暗い方が自分のやりたかったものかなと。でも遠めから見ていたいし，できれば行きたくないなーと。〈箱庭について話したり眺めたりしたことの影響？〉だんだん大仏が自分なんじゃないかって感じて，距離をとりたいと思った。最初は部外者でいたんですけど，自分もそんな明るい人間じゃないし。中のほうが安心できる世界かもしれないけど，今はまだ距離をとってたい。

【面接#2】
関係性図③：写真8-12
インタビュー②：〈関係性図③？〉もう自分のなかでは，箱庭は遠い存在。自分に近いものだとは思うんですけど，遠くに見ていたいし，遠くに感じてたい。〈箱庭が嫌な感じ？〉まぁ嫌ではないんですけど，その中に自分がいるのは嫌だなと。遠くで見ていたい感じ。〈箱庭のどんなところが？〉修行してるストイックな感じが。そろそろ年齢的にもちゃんとやっていかなきゃっていう思いはあるんですけど，それとは裏腹，まだまだって感じはします。〈視線？〉箱庭を見てて，背けたくはない。逆は向いてられない。でも見てて，どんよりため息つく感じで。近づきたくないけど，近づかなきゃいけない。

　（関係性図①，②を提示）〈関係性図②から③の変化？〉やっぱり距離が全然違うなと。今日の方が，大分遠く感じます。〈変化のきっかけ？〉最近は日々，まだ遊べるだろう，でも勉強しないとって感じ。毎日過ぎていって，暗くなる一方なんで。〈1週間で箱庭のことを思い出したり考えたりした？〉作った日は，なんでこんなの作っちゃったんだろうって。閉鎖的な感じが自分らしいとは思ったんですけど，もっと華やかなのにしとけばよかったなって。〈誰かに話した？〉友達に，調査の被検者やったって。箱庭やったとか何作ったとかは言ってないですけど。〈今日来ることについて思ってたこと？〉また箱庭やるのかなと。でも，また作るのはちょっとキツイなと思ったりして。今は，これ以外に何か作るってなっても，同じようなのしか作れないかなと思って。まだ自分では，これだろうって思ってる段階なので。〈3枚を見て？〉先週だったらこれ（関係性図①）くらいの距離でもいいかなと思ったんですけど，今はこのくらいの距離が落ち着くし，本当はこのくらいでいた

写真8-9　M5 箱庭

写真8-10　M5　関係性図①

写真8-11　M5　関係性図②

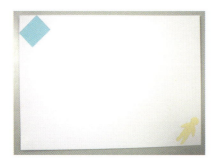

写真8-12　M5　関係性図③

い。でも，いずれは近づかなきゃいけない。自分のためにも。〈箱庭を作ったことで自分について考えたこと？〉今，自分がこんな感じなんだっていうのが具現化したかな。自分の位置が見えたのはよかったです。これからどうしていかなきゃいけないとか考えて，ちゃんと自分で納得できたほうが。
考察：M5は箱庭を味わうことで，箱庭が自分に近いものだと強く感じるようになるが，同時にそれが自身の直面したくない一面であることから，遠くにいたいと感じるようになっており，箱庭がM5を揺るがす存在として現われてきている。箱庭作品を見ても，第7章の1で箱庭療法における主体の在り方の契機となる構造として取り上げた「自分が自分を眺める」（河合，2002）内省的な構図が，大仏と鳥の間に表現されており，自身の箱庭によって自分の感覚が脅かされる体験となり，作り手の意志を超えたところから，作り手の心理的なテーマがありありと訴えかけられているようである。箱庭が目の前からなくなった日常の中でも，箱庭によって突きつけられた「ちゃんとやっていかなきゃ」という思いはM5の中から消えることはなく，「まだ遊べるだろう，でも勉強しないと」というように，その心理的テーマが日常生活と結びついて意識されるようになっている。関係性図③では「自分に近いものだとは思うんですけど，遠くに見ていたい」，「近づきたくないけど近づかなきゃいけない」という語りから，箱庭との関係が模索され続けていることが窺えるが，一方で，なんとか折り合いをつけていこうとするM5の心の動きも感じられる。今は遠くに離れているが視線は背けておらず，いずれ近づかなきゃいけないことを自覚しており，M5は自らの前途を視野に入れながら，今の自分にとってちょうどいい距離から，自身に向き合っていると考えられるのではないだろうか。

　また本事例では，箱庭との関係において作り手自らの心理的テーマが鮮明に意識化されており，「箱庭がステージだとすると」というイメージが語られていることからも，最初は「部外者」だと思っていたが「大仏が自分じゃないか」という感覚が生まれることで，急にステージに引きずり上げられたような意識化の体験であったと考えられる。大前（2010）の「箱庭による認知物語療法」では，制作した箱庭より，「CIとThが共同してCI自身の課題を言語化し，CI自身がその課題を意識することによって，その達成を促進

しようとする」ことが目指されている。課題の意識化という点では本事例と類似した心の動きが生じていると思われるが，認知物語療法では構造化された段階に添って進められていくのに対し，本事例では箱庭から訴えかけられる形で意識化されている点が大きく異なっている。箱庭を見守り手とともに味わうことで，急激に，一面的に自分自身との関連づけ，意識化が生じることは，臨床場面においては留意しなければならないが，見守り手が言語化，意識化を積極的に求めずとも自分の在りようが作り手にとって具現化され，それに対し，思いを巡らすような心の動きが1回の箱庭制作によって起こり得ることは，本事例によって新たに見出された点であると言えるだろう。

事例4　F2（18歳女性・客観視群からなじみ群）

【面接#1】

箱庭制作時の様子：左手前に家や木，右奥に木を置いた後，全体的に木や花，人，動物を増やして置いていく。ゆっくり悩みながら制作。最後に石を並べる。31分55秒。**(写真8-13)**

関係性図①：写真8-14

味わう時間における語り：楽しそうな感じ。人間のいるところと動物のいるところとで分かれた感じになったかな。家の周りは家庭的で，太陽がいっぱい当たってるイメージ。おとぎ話にありそうというか，あんまり現実的ではない感じですね。人を並べるとき，最初は家族みたいにしようと思ったんですけど，ちょっと違う感じになりました。最初このお父さん置いて，休日に子どもと遊んであげてる感じにしようかなと思ったんですけど，結局バラバラな感じになりました。

関係性図②：写真8-15

インタビュー①：〈関係性図①？〉（箱庭が）憧れてはいるけど実際はないみたいな感じなので，届くか届かないかみたいな距離で。〈画用紙の左側に寄せたのは？〉あんまり真ん中で出しゃばる感じは違うなと。〈箱庭について思ってること？〉憧れてはいるけど，諦めが入ってる存在かな。ああいう場面があったとしても暗い場面も絶対あるし。だから現実的じゃないというより，ずっと続くものじゃないみたいな感じですね。〈関係性図②？〉その諦

写真8-13　F2 箱庭

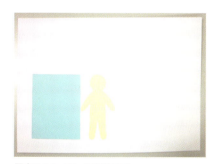

写真8-14　F2　関係性図①

写真8-15　F2　関係性図②

写真8-16　F2　関係性図③

箱庭型が人型の下に隠れるように
重ねて貼っている。

第8章　箱庭制作後における箱庭と作り手との関係性の変化　　191

めの部分が強くなったというか，それはそれとして私は私みたいな。これはあってもいいけど，現実は現実としてある感じ。今度は人型がこっちの大きさだなと思って。こっち（関係性図①）より，現実に対して自信が持てた感じかな。別にこっちになれなくてもいいんだ，みたいな。ああいう世界に対する憧れは多分まだあるけど，現実の中でもああいう場面もあるし暗い場面もあるし，そういのがあるのは嬉しいからいいけど，現実はそういうときばかりじゃなくて。〈変化のきっかけ？〉作ってる時は自分の理想のイメージを強く思ってたけど，しばらく見てたらあくまで理想で現実的じゃないと思ってたかな。現実的じゃないっていうのを口に出したら，やっぱりそうだなって，自分で納得しました。

【面接#2】
関係性図③：写真8-16（箱庭型4を縦に貼り，それが隠れるように，上から人型2を貼る）
インタビュー②：〈関係性図③？〉箱庭が，いつも自分の中にあるものって感じですね。自分と別の存在ではない気がしたというか。届くかどうかよりも自分にとっての憧れであって，だから自分の外というより中にあるものかなと思いました。〈大きさ？〉自分の中にすっぽり入る大きさ。自分が箱庭を持ってるみたいな感じがした。〈位置？〉心の中みたいな感じ。〈箱庭型を人型の下にしたのは？〉あんまりいつも見せてるものではない。普段，それに対する憧れは意識してないけど，ふとした拍子に出てくるかな。〈箱庭に対してどんな感じ？〉憧れっていうか，今日みたいな（暑く天気のいい）日にすごくお日様が出てて，そうすると自分の中の箱庭の感じと近くていいなと思ったり，ちらっと箱庭のような要素が生活の中に出てくるといいなと思ったりすることが結構あります。それはすごい一瞬で，同じようなところにいても，ただ暑いなとか思うときもあるし，でもなんかいいなって思う時もある，みたいな。〈「いいな」というのは？〉一人になった感じがします。普段気にしてる人間関係とかが全部無くなって，一人で旅をしてる感じ。一人でいると，つまんないとかダラダラしたりするけど，その時はそういうネガティブなことは思わないし，こういう時間がずっとあったらいいのにって。でもずっとはないから憧れになってる。

（関係性図①，②を提示）〈関係性図②から③の変化？〉今ちょうど夏休みで，

朝早く起きて外出したりして，自分の理想の生活みたいなのを送ってて，ちょっと実現できたっていうのがあるのかもしれないですね。完全に一致はしないんですけど，その要素が生活に入ってきたというか。〈関係性図③で諦めは？〉100％は諦めてるけど99.9％まではいけると思ってる感じ。先週は完全に別世界みたいに思ってたんですけど，今は混ざり合ってる感じ。その箱庭の要素はいろんなところにあるんだなと思ったというか。完璧な箱庭は絶対に手は届かないけど，その部分とか憧れてる要素は色々あるのかもって。あと，人型を貼るときに，重ねたら若干透ける感じがあって，自分と箱庭の要素が混ざり合ってるイメージだなって思いました。〈1週間で箱庭のことを思い出したり，考えたりしたことは？〉やったその日はちょっと思い出したりしたんですけど，そのあとは全然。〈誰かに話した？〉作った直後は友達に会ったら話そうと思ってたけど，実際は話してないですね。〈今日来ることについて思ってたこと？〉何するのかなと思って，ああいう箱庭作ったなとかは思い出してたけど，それがどういう意味だったとかは全然考えてないです。〈関係性図3枚を見て？〉段々この人（人型）が自信を持っていってる感じ。ここ（関係性図②）で大きくなってるし，ここ（関係性図③）では箱庭を含んでるし。〈箱庭作ったことで自分について考えたこと？〉中学生くらいの時にも，その憧れのことを考えてたと思い出しました。自由に憧れてはいるけど，自由になったら一人では生きていけないから，ああいう世界だったら自由だけどいても大丈夫っていうか，そんなに悪いことは起こらなそうで理想だなって。これを作ったときはそのことは思ってなかったんですけど，今日話して，まだそれが自分の中にあったんだなと。でも，作らなかったらそれに憧れてるとかも思わなかったと思います。

考察：F2は箱庭制作直後，箱庭が「憧れてはいるけど実際はない」ものとして語られているように，「憧れ」の中にも「諦め」が交錯しつつ出来上がった箱庭であると思われる。そして味わう中で，見守り手と共に箱庭を眺めたこと，「あんまり現実的ではない感じ」と口にしたことにより，「諦め」の思いが大きく膨らんでいったと考えられる。それにより，自身の箱庭を客観的に捉えるようになるが，F2は現実的ではないと感じてただ離れるのではなく，「それはそれとして私は私」というように，憧れとしての箱庭，現実

の自分をそのまま受け入れ，現実に対して自信を持つような感覚が生じている。「別にこっちになれなくてもいいんだ」という思いが湧いてきたことには，味わう中で「あんまり現実的ではない感じ」という言葉によって見守り手と共有したことで，「やっぱりそうだなって自分で納得」できたことが大きく影響していると思われる。さらに，1週間の間にも「完璧な箱庭は絶対に手は届かないけど」，「箱庭の要素はいろんなところにあるんだなと思った」と感じる体験があったこと，関係性図③では「箱庭がいつも自分の中にあるもの」として表れていることから，1週間かけて「箱庭の要素」を自分の内におさめていったと考えられるが，味わう時間において，憧れとしての箱庭，現実の自分を受け入れた時点で，既に内在化への方向性が示されていたと考えられるだろう。

　F2にとっての箱庭について考えてみると，関係性③での箱庭は，F2が「いいな」と感じる理想の場面，その時の感覚のこととして語られている。それは面接#2で言語化されているが，面接#1での「憧れ」，「理想」という言葉の裏にも，F2が思春期の頃から抱く「自由」についての理想とその感覚が含まれており，箱庭制作時よりそのイメージが刺激されていたと考えられるだろう。第6章では，箱庭との関係性の中で「作り手自身に関する時間的体験」がなされることを述べたが，F2にとっても箱庭との関係性において，昔から抱く自身のイメージに触れることは，箱庭を通して過去の自分とつながるような時間的体験であったと考えられるだろう。箱庭制作により，そのイメージは自分の外にあり自分と同じくらいの大きさのものとしてF2の前に現われてくるが（関係性図①），100％同じになれなくてもいいんだ，「それはそれとして私は私」でいいんだという気づきを伴い，再びF2の内へと戻っていったのだと考えられる。河合（1991）は，箱庭のような内的世界の自由な表現により思いがけず現われてくるイメージを「外在化されたイメージ」と述べているが，箱庭との関係性においてF2の中で起きていたのは，この「外在化されたイメージ」を自分自身との折り合いをつけて内在化していくプロセスであり，3枚の関係性図を振り返る中で「だんだんこの人が自信を持っていってる感じ」と語られていることからも，F2が自身の在り方を肯定的に受け入れていくような体験であったと思われる。自身が抱えてい

る深いイメージに触れ，そこに向き合うことで新たな自分を生成していくという意味として心理的変容を考えると，自分で表現した箱庭を通して自分にとって大切なイメージに触れ，それを通して今の自分を受け入れていくという心の動きが見られたF2の事例には，箱庭療法における作り手の心理的変容のプロセスが明確に表れていたと言えるだろう。

3. 総合考察——4名の調査事例より

　本章では，26名の調査事例をもとに，箱庭制作直後から1週間後の面接まで，箱庭と作り手との関係性がどのように変化していったのかについて検討し，さらにそのうち4名の作り手を取り上げ，調査事例の検討を行った。ここで，本書のテーマである，箱庭療法によって作り手はなぜ変容していくのかという問いに対して，各事例から考えられた答えを述べたい。

　事例1では，自律的なイメージを伴う箱庭に作り手が押しつぶされそうになっている関係から，箱庭を味わうことによって，見守り手の存在にも支えられる形で作り手が主体的感覚を強める体験があったと言える。さらに，それによってイメージの自律性を抱えられるようになり，イメージの「わからなさ」を「わからないけど面白い」と感じ，守られた場のなかで，自身の内にある自律的なイメージ，作り手にとって「わからない」と感じられる自我違和的なイメージに自ら関わっていくことが，箱庭における作り手の変容機序となっていることが考えられた。事例2では，現実での作り手自身の在り方を問い直すような体験が箱庭との間で表れてきており，箱庭の内と外といった境界の体験の中で，今いる場所に根差し，今いる自分を受け止める心の動きが生じていることが，作り手の在り方の変容へと結びついていると考えられた。事例3は，箱庭との関係性を通して，作り手自身の心理的テーマが強く意識化されていた事例であり，箱庭におけるイメージの自律性によって自身の心理的テーマが訴えかけられながらも，そのテーマと適度に距離をとりながら取り組んでいくことが変容の機序となっていることが考えられた。そして事例4では，箱庭によって表れてきたイメージは「思春期の頃」の自分ともつながるイメージであり，箱庭との関係性の中で作り手の心の奥底から表れてきた深いイメージに触れ，それに向き合うことで新たな自分を生成していくということが，箱庭における作

り手の在り方の変容として考えられた。

　4名に共通して体験されていたのは，箱庭制作により，自身にとっても思いがけない自律的な，しかし作り手自身の在り方がそのまま表れているようなイメージが自らの表現によって表れてきていたということ，そのような自律的なイメージとの関わりの中で，作り手自らがイメージの自律性を探求し，向き合い，内在化していくといった主体的な心の動きが表れ，新たな主体の在りようが生成されていたことであり，箱庭を通してこのような心の動きが生じることにより作り手が変容していくのだと考えられるだろう。また，事例2，事例3，事例4では，箱庭との関係のなかで表れてきた体験が現実における作り手の在り方と結びついて語られていた。このことについては，第4章の3にて作り手Eさんの体験を検討した際に，「イメージとの関係の中で表れてきた体験が主体の在り方そのものと結びついている」可能性があることを述べていたが，それを実際の作り手の体験から示すことができたと言える。箱庭との間で作り手自身の心理的テーマが表れ，守られた中で作り手自身に体験されることが，現実での作り手の在り方そのものを変容させていくのだと考えられるだろう。

　一方，4名については4通りの変容プロセスが見られ，さらに言うと，調査を行った26名には26通りの心の動きが見られていた。また，「箱庭」という同じ言葉で語られているもの，箱庭型によって表されているものも作り手によってさまざまであり，箱庭作品そのもの，箱庭制作での体験，箱庭に対する感覚や感情，あるいは，そこに表れている意味などとして語られていた。それは，作り手が異なるため一見すると当然のことのようにも思われるが，箱庭との関係性の中で，一人ひとりの作り手にとって今の自分の在り方の変容に結びつく重要な体験がなされるから，すなわち「箱庭」が個々によってさまざまに体験されるからこそ，個に寄り添う心理療法において，治療的に働くと考えられるのではないだろうか。次章では，このような個々に異なる体験がなされることの意味も含め，本書全体を通して，箱庭療法における作り手の心理的変容について改めて論じることとする。

❖ 文献

今田雄三 (2013). セラピスト養成における現代的な問題とその対応——関係性が成立困難な時代に育った世代への指導を通して. 鳴門教育大学研究紀要, 28, 307-319.

河合隼雄(1991). イメージの心理学. 青土社.

河合俊雄 (2002). 箱庭療法の理論的背景. 岡田康伸（編）. 現代のエスプリ別冊 箱庭療法の現代的意義. 至文堂, pp.110-120.

川嵜克哲 (2007). 箱庭療法の「力動性」について——風景構成法，夢と比較しつつ. 岡田康伸・皆藤章・田中康裕(編). 京大心理臨床シリーズ4 箱庭療法の事例と展開. 創元社, pp.412-424.

大前玲子(2010). 箱庭による認知物語療法——自分で読み解くイメージ表現. 誠信書房.

友久茂子 (2010). 心理療法における境界イメージをめぐる一考察——繰り返し喪失体験をした女性の夢を通して. 箱庭療法学研究, 23(1), 3-16.

終章

箱庭療法における作り手の心理的変容
イメージと関係性の視点から

1. 個に寄り添うものとしての箱庭

　本書では，箱庭療法における作り手の心理的変容について，イメージと関係性という視点から，検討を続けてきた。本章ではこれまで論じてきたことのまとめとして，箱庭における作り手の心理的変容について，そして今後に残された課題について述べたい。

　箱庭療法とは心理療法の技法のひとつであるが，そもそも心理療法において，クライエントの在りようが変容していくとはどのようなことなのであろうか。河合（1992）は，心理療法について「悩みや問題の解決のために来談した人に対して，専門的な訓練を受けたものが，主として心理的な接近法によって，可能な限り来談者の全存在に対する配慮をもちつつ，来談者が人生の過程を発見的に歩むのを援助すること」だと述べている。ここで，「人生の過程を発見的に歩む」という言葉に着目すると，この「発見的」とは，「万人共通の方法や法則が決まっていてそれを『適用』するのではなく，そのつど，適切な道を『発見』しなくてはならぬことを意味している」のだという。一方で，そのような「発見」が全くの無方策であるということではない。河合（1992）は，以下のように続けている。

　（発見的とは）「ある程度一般的に通用する法則などを知りつつ，場合に応じて考えねばならないことを意味している。登山の場合などを考えるとよくわかるかもしれない。それは処女峰であるので，明確にどうすればいいとわかっているわけではない。しかし，天候や山形や隊員の能力などについては，ある程度わかっており，決してしてはならないこともわかっている。ただ，そのときその場の決断となると，絶対正しい方法があるというわけではない。また，その

ときにとる方法にしても，あれを試みてみたり，あるいは途中で方法を変更したり……ということになろうし，それこそが『発見的』なのである。人間の個性が一人一人異なることを強調するならば，ここは『創造的』と表現することにもなろう」。

　このように考えると，心理療法においてクライエントの心の在りようが変容していくことには決して正しい道のりがあるわけではなく，決まった方法があるわけでもないことが分かる。さらに言うと，ある程度の道筋と備えを持ったセラピストとともに，クライエント自身がその道を切り開いていくことが目指されていると言えるのである。そして，本書にて論じてきた箱庭における作り手の心理的変容についても，まさに同様のことが当てはまると考えられる。箱庭療法という技法，箱庭の用具自体に，作り手を変容に導くための決まった働きやメカニズムが存在しているのではなく，箱庭と作り手との関わりがあってはじめて，作り手の心が自ずと，変容へと動き出していくのだと言える。そのことは，第2章，第6章，第7章，第8章で検討を行った調査研究にて，同じ教示によって，同じ用具を用いて箱庭を制作しても，その後の心の動きの体験が，個々によって大きく異なっていたことからも分かるだろう。
　そしてさらに考えていくと，どのような心の在りようからどのような心の在りようへと変わることが「変容」となるのかが，一人ひとりの作り手によっても全く異なっていると言えるのではないだろうか。何が「変容」となるのかは，それまでその人が人生をどのように歩んできたのか，そして，これからをどのように歩んでいくのか，ということと切り離すことのできないものであり，その人の「これまで」と「これから」が交錯する中で，その人自身の変容が生じてくるのである。時間軸に沿った体験の変容を扱った本書での研究においても，少し前，少し先の自分のことなのか，あるいは，昔の自分，将来の自分のことなのか，という違いはあったものの，多くの作り手の表現，語りに，自身の「これまで」のこと，そして「これから」のことが表れてきていた。作り手は，箱庭における自律的なイメージによって表れてきた自分自身の「これまで」と関係を結び直し，箱庭における自律的なイメージとの間で自分自身の「これから」を眼差すこととなり，このような一人ひとりにとって固有の「変容」を作り手

は箱庭との間で体験していくことが可能となるのであり，箱庭は，作り手の個に寄り添うことのできるものとして，作り手の「変容」を支えているのだと考えられるだろう。

　本書の第3章では，イメージとそれを体験する主体との関係性を取り上げ，関係性の変化の在りようについて論じたが，そこで論じた変化も，必ずしもその通りに表れてくるもの，表れてこなければならないものとして述べたわけではない。現に，第6章，第7章，第8章で検討した調査研究においても，箱庭を制作した直後からの関係性の変化の在りようは，似た変化としてまとめられたり，第3章，第4章で論じた関係性の変化と一部重なったりする部分はあっても，体験全体の変化の流れやその意味は，一人ひとりで大きく異なるものであった。そしてそのようなイメージとの関係性の表れ方にこそ，作り手の個としての在りようが表れているのであり，またそれは，現実における作り手の在り方そのものを映し出しているのだと考えられる。第3章の7にて臨床事例をもとに，イメージとの間で表れてきていた関係が現実におけるクライエントの在りようとパラレルになって表れていたことを示したが，心理療法の中で，イメージとの関係においてクライエントの心が動く体験がなされ，それが言語的であれ非言語的であれ，セラピストとの間で受け止められることは，現実におけるクライエントの在り方が受け止められることそのものなのであり，第8章にて論じたように箱庭では勿論のこと，自律的なイメージが表れてくるさまざまな心理療法に共通して，イメージとそれを体験する主体との関わりがクライエントの変容として表れてくる機序となっているのだと考えられるだろう。

2. 箱庭療法における「心の層」

　箱庭と作り手との関係性の中で，個々に異なる体験が生み出され，箱庭が個に寄り添うものであることが考えられたが，同時に，そのような個の体験においても，意識的なものからより無意識的なものまで，さまざまな水準の体験が表れていたと言える。箱庭療法では無意識から生じる自律的なイメージが表れてくるとして，そのイメージの変化の体験，そのイメージとの関係性の変化の体験について論じてきたが，中道（2010）は，「心の層」という言葉を用いて，箱庭に表現されるものの水準の違いについて，以下のように述べている。

「(箱庭で)『ぴったりした表現』を行うといっても，どの水準の心の層とぴったりくるのかによって，カタルシス的な自己治癒力なのか，内界に変容をもたらすような自己治癒力なのかというように，自己治癒力の水準も異なってくるであろう」。

「(箱庭に)表現される心の層は，意識に近いものから元型的なイメージにまでいたり，ひとくちに『ぴったり感』といってもクライエントのどの水準の心の層にぴったりした表現なのか，その幅はかなりの広がりをもつことが予想される。意識レベルに近い水準の心の層とぴったりくる表現ならば，比較的自我に取り入れやすいため，治療者との関係性はあまり問題にならないかもしれない。しかし，『ぴったり感』を表現しようとする心の層が深くなるにしたがって危険性や自我の抵抗が強まることが予想され，治療者の支援が必要となるのではないだろうか」。

ここで中道（2010）は，作り手が箱庭に表現する際の「ぴったり感」について論じる中で「心の層」という言葉を用いているが，それはすなわち，作り手が自身の内から湧き上がってくる自律的なイメージを，意識から無意識という連続的な広がりの中の，どの水準で体験するのか，ということの違いを意味していると考えられる。

本書で扱った調査研究の中でも，作り手と箱庭との関わりがどの水準の心の層において起きているのかということが，作り手によって，そして作り手ごとにもその時点によって，異なっていると考えられた。第6章では，箱庭との距離の体験に関して，「箱庭との距離に関する体験には，箱庭が作り手にとって何らかの意味として感じられている場合と，そうではなく曖昧な存在である場合がある」と述べた。ここでは，箱庭に表れてきているイメージが，自分自身にとって「何らかの意味」として捉えられているのか，意味としては捉えられておらず，感覚的な水準で受け取られているのかというように，作り手がどの心の層において箱庭を受け止めているのかによって，箱庭との距離の表現のされ方に違いが表れてきていた。さらに，第8章の事例3で取り上げた作り手M5においては，箱庭との関係性の中で，自身の心理的テーマが明確に意識化され，今後取り組んでいかなければならないことを作り手自身が把握したこと

が心理的変容の大きな契機となっていることが考えられたが，時間が経つにつれ，箱庭に表れた自身の心理的テーマの意識化がより一層進んでおり，制作直後は，より無意識的な心の層で体験されていたことが，思考や言語，現実との関わりの中で徐々に，意識的な心の層で体験されるようになっていったと言える。一方，第8章の事例1で取り上げた作り手M10は，箱庭との関係性において，自身が取り組んでいくべき心理的テーマを捉えるような心の動きは見られず，箱庭に表れた自身の自律的なイメージの「重さ」，「抱えられなさ」を体験するが，その自律性を保って「わからないけど面白い」箱庭の体験に開かれていくこと自体が，変容に結びついていると考えられた。この事例では，作り手の意識が箱庭の意味を捉えようとする心の動きは見られず，一貫して意識から遠い心の層において箱庭が体験されていることが分かる。つまり，箱庭との関わりにおける作り手の変容において，一人の作り手がさまざまな水準の心の層を体験し，垂直的な心の動きが重要になることもあれば，作り手が意識的に箱庭の意味を捉えることがなくても，無意識的な心の層での変容が進んでいくこともあると考えられる。第2章，第6章，第7章，第8章にわたって論じたのはあくまで調査研究であり，「置き直し」や「関係性図」といった方法の工夫により体験の言語化を求めたため，前者のような垂直的な心の動きが表れやすかったことは考慮しなければならないが，箱庭療法における作り手の心理的変容のプロセスは，さまざまな心の層において進んでいくことが示されたと言えるだろう。本書で調査研究として述べてきた体験が，臨床場面において実際になされているのかどうか，それによって変容が起きているのかどうかを知ることは，非常に難しいことである。しかしながら本書で調査研究として示してきた作り手の体験は，箱庭と関わる者に確かに生じてくる体験であり，心理療法において箱庭が用いられることでの作り手の心の変容の奥には，第6章で示したような，作り手の主体的感覚やイメージの自律性に関する体験，箱庭との距離の体験，内と外，境界に関する体験，自身に関する時間的体験，身体を通したつながりの体験などが大きな意味をもたらしていると考えることができるだろう。

　本書を通して，個に寄り添うことのできる箱庭，さまざまな心の層において変容が進んでいく箱庭について，箱庭との関わりにおける作り手の体験が以下

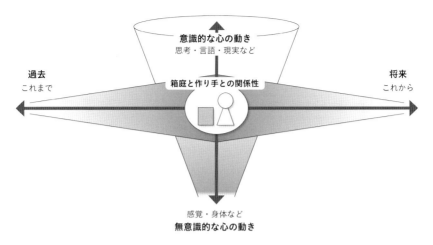

図9-1 箱庭と作り手との関係性における体験の広がり

の図9-1のように広がっていると考えられた。作り手は箱庭との関係性を通して，自身のこれまでから今現在につながる体験，今現在からその先につながっていく体験がなされ，同時に，思考や言語，現実に関わる意識的な心の動きから，身体的，感覚的な，より無意識に近い心の動きまで，個に寄り添う無限の体験が交錯する中で作り手の心は変容へと向かっていく。このような体験の広がりは，作り手の心から生まれてくる自律的な「イメージ」と箱庭と作り手との「関係性」という視点から，箱庭療法における作り手の心理的変容を捉えたことにより，本書にて示すことができた体験の総体であると言えるだろう。

3．力動性，時間性，対自性から捉えた今後の課題

本書では，第1章での箱庭療法に関する研究の概観から，箱庭における力動性，時間性，対自性に焦点を当てて検討していくことが重要であると述べ，その3つの性質を考えたうえで，「イメージ」と「箱庭と作り手との関係性」の視点から研究を進めてきた。本書の全体を踏まえた上で，箱庭におけるこの3つの性質について，今後さらにどのような研究が必要になると考えられるのかについて述べたい。

本書での研究全体を，力動性，時間性，対自性の視点から再度捉え直すと，

箱庭と関わるなかで作り手の在りようが，主に制作後からの時間経過に沿ってどのように変容していくのかについて検討したことで，力動的な心の動き，さらには対自的な心の動きが表れてきていたと言うことができる。第2章では，箱庭を言葉にすることによる力動的な心の動きを，イメージの変容という視点から捉え，第7章，第8章では，箱庭との関係性の視点から，制作直後から1週間後までの力動的な心の動きを捉えたことで，作り手が自身の内から生じてきた自律的なイメージに出会うことにより，対自的な心の動きが生じ，それが作り手の在り方の変容の契機となっていることが示された。一方，本書で十分に扱うことができなかったのは，箱庭制作中の心の動きについてである。箱庭制作中にも，作り手には対自的な心の動きが生じていると考えられるが，それは本書で述べてきたような「箱庭との関係性」としてまとまって捉えられるものではなく，まず砂箱の前に立ち，砂に触れて感じること，棚に並ぶある一つのミニチュアを見てイメージされたこと，そのミニチュアを手に取り，砂の上に置く際に感じることなど，砂と作り手との関係性，あるミニチュアと作り手との関係性などとして，より細やかな視点で捉えることが必要になってくると言える。そしてそのような関係性の視点から考えていくと，本研究で述べてきた主体的感覚の体験や箱庭との距離の体験などとはまた異なる体験がなされている可能性が考えられるだろう。そこには，より曖昧で深い心の層における体験が含まれ，調査研究においては捉え難いものであるかもしれないが，今後箱庭制作中の体験をイメージと関係性の視点から検討していくことで，箱庭療法における作り手の変容に関してより深い知見が見いだされることは間違いないと言える。

　また今回は，味わう時間を経過することでの変化，1週間後の面接までの変化に焦点を当てることで，1回の箱庭制作における時間軸を伴った体験変化の様相を検討した。これにより，これまで焦点が当てられてこなかった，時間経過に沿った作り手の体験を取り上げることができたが，臨床場面を考えると，1週間という時間はむしろ短い時間だと考えることもできる。先に示したように箱庭との関わりにおいては，作り手自身のこれまで，これからに関わる体験，意識的な体験から無意識的な体験まで，水平方向，垂直方向に伸びた無数の体験がなされることとなるが，それらの体験は，第7章，第8章にて示したように，

箱庭を制作したその時の作り手にとってのみ意味を持つものではなく，1週間の間のさまざまな日常の体験と結びつきながら，新たな感覚や気づきをもたらすものとなっていた。そのような箱庭との時間をかけた関わりは，決して1週間後の面接によって終わるわけではなく，1か月，1年，さらにそのあとまでも続いていく可能性があり，何かのきっかけにその箱庭の体験から，また作り手の変容のプロセスが生じてくる可能性もあるだろう。このような，より時間をかけた作り手の体験の変容プロセスに寄り添うことで，広い視点から箱庭療法における作り手の変容について検討していくことができると考えられる。

4. 箱庭と作り手との関係性における見守り手の存在

　そして，本書での研究全体を通して残された最も大きな課題は，作り手の変容における見守り手の存在についてであろう。本書では作り手の心の動きについて，箱庭における自律的なイメージの変容の体験，箱庭との関係性の変化の体験，すなわち，箱庭と作り手との関わりにのみ焦点を当て，第3章の8にてイメージとそれを体験する主体との関係性におけるセラピストの存在について論じたものの，箱庭と作り手との関係性のなかで見守り手が実際にどのような存在として表れてくるのかについては，調査研究から論じることはしてこなかった。しかしながら，箱庭との関わりにおける作り手の変容を検討する中で，見守り手の存在は見過ごすことのできないものであり，第2章では事例1のAさんの体験から，「見守り手との関係性の中で箱庭制作の体験をおさめる意味があった」と考えられ，第8章の事例1でも「目の前の箱庭，見守り手，作り手自身という三者関係に支えられる形で」，作り手が箱庭に対する主体的感覚を十分に強めていったと考えられていた。各事例におけるこのような心の動きを含め，本書における視点から，箱庭療法における見守り手の存在について新たな見方を述べたい。

　岡田（1984）は以下のような**図9-2**を提示し，「制作者（クライエント）と治療者と作品の関係」について述べている。この図では，それぞれ6本の矢印が意味するものは異なっているが[*1]，三者の存在を平等に捉えている。本研究では，**図9-2**の②と②'の矢印に示された関わりを主に取り上げて論じてきたことになるのだが，ここに見守り手の存在が加わることについて，本書では**図9-3**の

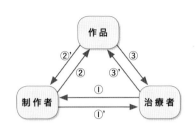

図9-2　制作者と治療者と作品の関係
　　　　（岡田，1984 より）

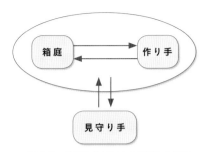

図9-3　箱庭と作り手との関係における
　　　　見守り手の存在

ように捉えてみたい。この**図9-3**は，見守り手が，箱庭，作り手それぞれと関係を結ぶのではなく，箱庭と作り手との関係性そのものを支え，関わる存在となることを示している。先に，箱庭と作り手との関係性において，水平方向と垂直方向の両方へと無限に広がる体験について図示し，作り手の変容へと結びついていくことを述べたが，それらの体験は作り手にとって，変容へ向かうという前向きな意味を持つものばかりではない。第8章事例1の関係性図①において表現されていた，作り手が箱庭における自律的なイメージに押しつぶされそうになっているような体験，同じく第8章の事例3にて表現されていた，自らが直面したくない一面に向き合わなければならなくなってしまう体験など，箱庭を作らなければ対峙しなかったような向き合い難いイメージとの関係が体験されることもある。さらに第4章で述べたように，箱庭との関わりゆえに，イメージと現実との境界が曖昧に体験される可能性も存在している。そのような時，作り手と箱庭との体験に没入しながらも，一方で客観的な視点も持ち続ける見守り手の存在は，作り手と箱庭との関係性を守る意味で非常に重要なものとなり，見守り手が共にいることは，箱庭との関係性における作り手の体験が作り手にとって意味を持つように，守られながら進んでいくための必要条件になっていると考えられる。本書では，箱庭と作り手との関係性において見守

---

*1　岡田（1984）によると，①は「母・子一体感の場面を作ろうとする動き」，①'は「①の反作用」としての「治療者に対する甘えや拒否などの諸感情」，②は「作品の制作による自己表現」であり，②'は「作品から制作者に働きかけてくる作用」である。③は「作品の治療者の無意識への働きかけ，コンプレックスの刺激」であり，③'は「治療者の印象，考え，感情，解釈」であるとしている。

り手が存在していることを大前提として論じてきたが，同時に，見守り手の存在がなければ，本書で示してきたような作り手の変容に関わる体験が起こることはなかったであろう。

　そしてこれまで箱庭に関する多くの研究の中で，作り手と見守り手との相互作用の中で箱庭が生まれてくること，箱庭制作において作り手と見守り手との関係性が土台となっていることが述べられており，箱庭療法における作り手の変容機序を明らかにしていく上で箱庭療法における見守り手の存在は，最も重要なテーマであると考えられているにも関わらず，第1章の1(2)で述べたように，未だ十分に検討されているとは言い難い現状がある。それは，**図9-2**で示したような三者の関係性として捉えることが極めて複雑であり，研究としてその視点を見出すことが困難であることが大きく影響しているのではないだろうか。**図9-3**で示したように，箱庭と作り手との関係性に見守り手がどのように関わり，体験するのかという視点から，あるいは，作り手にとって箱庭との関係に見守り手がどのように関わり，存在していると体験されているのか，という視点からであれば，三者関係として捉えるよりも，見守り手を含んだ関係性について研究がなされやすいと考えられる。このような視点を含め，箱庭と作り手との関係性における見守り手の存在については大きな課題であり，今後その意味を丁寧に探っていく必要があると言えるだろう。

5. 心理療法としての箱庭療法

　本書を通して，箱庭との関わりにおける作り手のさまざまな心の動きとその心理臨床学的な意味について論じ，箱庭療法において作り手はなぜ変容していくのかという問いに対し，イメージと関係性という視点から答えを提示してきた。日常生活の中で意識的には表れてこないが，しかし自身にとって大切な意味をもつさまざまなイメージが箱庭との関わりによって生み出され，そのイメージとの関係性の中で作り手自身にとって成長へとつながる体験がなされることが箱庭における作り手の心理的変容の機序であると考えられたが，ここで箱庭療法が心理療法の技法の一つであるということに立ち戻ると，本書における知見は，心理療法におけるクライエントの変容を考える上でも大切な視点となり得るのではないだろうか。

本章の1において，心理療法とは「悩みや問題の解決のために来談した人に対して，専門的な訓練を受けたものが，主として心理的な接近法によって，可能な限り来談者の全存在に対する配慮をもちつつ，来談者が人生の過程を発見的に歩むことを援助すること」であるとする河合（1992）の言葉を取り上げた。本書を通して箱庭療法においては，「来談者が人生の過程を発見的に歩む」ことに，箱庭における自律的なイメージとの関係性における体験が重要な意味を持つことを述べてきたが，心理療法全般として考えたとき，言うまでもなく「セラピストとの関係性」における体験がクライエントにとって重要な意味を持つ。心理療法では，セラピストとの関係性の中でクライエントにさまざまな体験がなされていると考えられるが，セラピストとの関係性においてクライエント自身の在りようが表れ，その関係性のあり方やそこでの気持ちがそれまでとは違った形で受け止められたり，違った言葉をかけられたりすることで，それまでクライエントが生きてきた中で感じたことのないような体験がなされ，クライエントに変容が生じていくと考えられる。そこで体験されるのは，普段の対人関係の中で繰り返しているものとは異なる関係性の体験であるかもしれないし，子どもの頃に求めていたが築くことのできなかった関係性の体験，あるいはクライエントが自身の「これから」を進んでいくために必要となっている関係性の体験かもしれない。また，クライエント自身がそれに気づく形で意識的に体験されるものもあれば，非言語的な水準で，あるいはクライエント自身も気づかぬまま無意識的な水準で体験されるものもあるだろう。そのように考えると，箱庭療法に限らない心理療法の場においても図9-1で示したような，今のクライエントのあり方の変容にとって重要な体験が表れてきているのだと考えることができる。そして，それよりもさらに広がりをもった多様多彩な体験が表れてくることも考えられ，箱庭療法では作り手が自身の箱庭との間で体験していると考えられた関係性が，箱庭が用いられない心理療法であってもセラピストとの間で体験されることが重要になると考えられる。そのように捉えると，その関係性の中にともに存在するセラピストのあり方が問われることになるとともに，心理療法におけるクライエントの体験を，より丁寧に，大切に考えていくことが必要になるとも言える。このことは，箱庭療法を「イメージ」と「関係性」の視点から捉えた本書全体を通して，心理療法におけるクライエ

ントの心理的変容について考える中で生まれてきた一つの視点に過ぎないが，心理臨床における心の変容について考えるために，より深めていくべき視点だと言えるのではないだろうか。

　本書を通して，箱庭療法における作り手の心理的変容に関して一つの答えをもたらすと同時に，新たにさまざまな課題を提起することになったとも言える。序章では筆者自身の箱庭との出会いの体験が本研究の動機になっていることを述べたが，その時の体験を含め，筆者自身，自分で箱庭を制作した作り手としての体験，また臨床場面，調査場面を問わず多くの作り手が箱庭を制作している場面を見守った見守り手としての体験がもとになっているという意味で，本書もまた，箱庭と筆者自身の関係性の産物として生まれてきたものだと言えるかもしれない。これからも続いていく箱庭との関係性の中で，箱庭との関わりにおける作り手の心の動きについて，そしてその先にある心理療法におけるクライエントの心の動きについて，今後も探求を続けていきたい。

❖文献

河合隼雄(1992)．心理療法序説．岩波書店．
中道泰子(2010)．箱庭療法の心層――内的交流に迫る．創元社．
岡田康伸(1984)．箱庭療法の基礎．誠信書房．

あとがき

　本書は、平成28年度に京都大学大学院教育学研究科に提出した博士学位論文を加筆、修正したものです。本書の出版にあたっては、「京都大学総長裁量経費・若手研究者出版助成事業」による助成を受けています。9年間の学生生活を過ごした京都大学よりこのような助成を受けて、本書を出版させていただけることを大変光栄に思いますとともに、心より感謝を申し上げます。
　「臨床心理学」というものに漠然と興味を持って京都大学教育学部に入学しましたが、序章に記したとおり、1年生の夏に箱庭と出会ったことをきっかけに、このように博士課程まで箱庭療法について研究を続けることとなりました。調査研究ではたくさんの方に箱庭を制作していただき、さまざまなことを感じながら見守らせていただきましたが、本書で述べたことは筆者が心理臨床を学び始めたほんの数年間で考えてきたことに過ぎず、箱庭療法には人のこころを惹きつけ、成長、変容へと導いていく力がまだまだ隠されていると感じています。本書を書き終えた今、やはり作り手と見守り手との関係性、さらにはクライエントとセラピストとの関係性というところに次の関心が移りつつあり、自分自身の臨床活動を大切にしながら丁寧に考えていけたらと思っています。

　本書は，多くの方のご指導，ご協力によって，執筆することができました。まず指導教官として，時に厳しく，しかし温かく教え導いてくださった京都大学大学院教育学研究科教授 皆藤章先生には心より感謝を申し上げます。先生の細やかなご指導がなければ，本書を執筆することはできませんでした。大学学部生時代から筆

者の研究活動を支えてくださり，本当にありがとうございました。京都大学大学院教育学研究科教授 桑原知子先生，准教授 田中康裕先生にも，多大なご指導，ご助言をいただきました。本研究を温かく見守り，励ましの言葉をかけてくださったことで，本研究に取り組み続けることができました。また筆者の学部，修士課程時代に，副指導教官としてご指導いただきました角野善宏先生にも，感謝を申し上げます。筆者の卒業論文，修士論文執筆にあたっては，新たな視点を得るようなご助言をいただいたと同時に，筆者が初めて箱庭と出会い，箱庭に関心を持つきっかけを与えてくださいました。先生方には普段の臨床活動においても多くのご示唆をいただき，そこで学んだことは箱庭における作り手の「心理的変容」について検討する本研究において，大きな支えとなりました。また天理大学の仲淳先生には，筆者の臨床活動に対して，多大なご指導をいただきました。

　第3章で記した臨床事例の執筆を快諾してくださったＦさんにも感謝を申し上げます。Ｆさんとの心理療法過程は，非常に心動かされるものであり，毎回多くのことを考えさせられます。本書に執筆したことはその過程のほんの一部に過ぎませんが、このような形での執筆に応じてくださいまして，本当にありがとうございました。

　そして，予備調査を含め，調査に参加してくださった皆様にも多大なるご協力をいただきました。調査での皆様の表現，語りは，お一人おひとりの調査事例を取り上げて検討したいと感じるほど興味深いものでありました。本書執筆の際には，本書で検討を行った二つの調査研究に協力してくださったみなさまの表現，語りをことあるごとに思い返し，皆様が表現してくださった心の動きを理解したいとの思いから，箱庭における作り手の心理的変容というテーマで研究を続けてくることができました。

　本書の出版の過程では、創元社の紫藤崇代様に大変お世話になりました。様々な面で細やかにサポートいただきましたこと、心より

感謝申し上げます。

　最後になりますが，京都大学大学院教育学研究科臨床心理学研究室の先輩方，後輩方，同期のみなさまからも，本書の執筆にあたり多くの刺激を受けると同時に，本研究について様々なご助言，ご協力をいただきました。そして何より、筆者のもっとも身近でいつも支え、見守ってくれている家族に、感謝の気持ちを伝えたいと思います。ありがとうございました。

　　　　　　　　　　　　　　　　　　　　　　　　　2018年3月
　　　　　　　　　　　　　　　　　　　　　　　　　千葉友里香

初出一覧

　本書に執筆した各章は、以下の通り初出されています。本書収録に際し、それぞれに加筆・修正を行いました。

第1章　千葉友里香（2015）．箱庭療法における作り手の変容機序について──我が国の箱庭研究の概観と展望．京都大学教育学研究科紀要，61，135-147．

第2章　千葉友里香（2013）．箱庭を語ることにおけるイメージ変容の体験──4つの体験型とその意味．箱庭療法学研究，26(1)，17-30．

第3章　千葉友里香（2016）．心理臨床におけるイメージとそれを体験する主体との関係性について．心理臨床学研究，34(5)，532-542．

第4章　千葉友里香（2017）．夢・箱庭・風景構成法に関する一考察──イメージとそれを体験する主体との関係性の視点から．京都大学教育学研究科紀要，63，81-92．

第5章　千葉友里香（2015）．関係性に関する一考察──調査研究において非言語的方法により表現される関係性とは．京都大学大学院教育学研究科附属臨床教育実践研究センター紀要，19，62-74．

第6章　千葉友里香（2016）．箱庭制作後における箱庭と作り手との関係性とは──関係性を非言語的に表す関係性図の分析から．箱庭療法学研究，29(1)，55-68．

第7章　千葉友里香（2015）．箱庭制作後における箱庭と作り手との関係性の変化について──体験群の意味と量的分析の視点から．心理臨床学研究，33(5)，484-496．

第8章　千葉友里香（2015）．箱庭制作後における箱庭と作り手との関係性の変化について──作り手の変容に関する質的検討．箱庭療法学研究，28(2)，41-53．

索 引

【欧文】

FAST	98, 125
FIT	100, 125
Hillman, J.	66
Jung, C. G.	17, 23, 62, 64
Kalff, D. M.	17, 20, 130
KJ法	41, 150
Lowenfeld, M.	17
PAC分析	25, 145
PDI	36
SD法	38, 119, 161

【ア】

遊び	158
移行対象	89, 90, 137
一般言語	59, 92
イメージ	14, 15, 31, 38, 62, 63, 84, 203

【カ】

外在化されたイメージ	63, 194
解釈	21
河合隼雄	13, 17, 35
関係性図	110, 118, 202
境界	88, 90, 110, 137, 185, 202, 206
言語化	21, 22, 25, 35, 36, 37
心の層	200, 201, 202, 204
こころの包み	22

【サ】

三次元性	86, 87, 90, 91
自我違和的	25, 29, 179, 180, 195
自我親和的	25, 179
時間性	29, 30, 31, 203
自由であると同時に保護された空間	20
主観的体験	23, 25
自律性	35, 63, 65, 202
心身症	19
身体感覚	69, 79, 87, 91, 136, 179
心的外傷体験	19
心理療法	198, 199, 207, 208
砂	22, 86, 87
砂箱	22, 28, 86, 89
ずれ	28, 29, 46, 153
精神病圏	19, 88
摂食障害	19

【タ】

体験過程	146
対自性	30, 31, 203
対自的コミュニケーション	24, 147, 149
他者性	65, 67

【ナ】

内在化	73, 74, 194
認知－物語アプローチ	21, 36, 146
認知物語療法	189
能動的想像法（アクティヴ・イマジネーション）	64

【ハ】

箱庭物語作り法	21, 36
箱庭療法	13, 17
発達障害	19
ぴったり感	23, 25, 28, 29, 127, 201
母子一体性	20, 130

【マ】

ミニチュア	22, 26, 28, 86, 88
見守り手	20, 52, 205

【ラ】

力動性	25, 28, 30, 31, 203
臨床イメージの表現としての言語	58, 92

◆著者略歴

千葉友里香（ちば・ゆりか）

1989年、東京都生まれ。京都大学教育学部を卒業し、2017年に京都大学大学院教育学研究科博士後期課程修了。博士（教育学）。臨床心理士。現在、京都大学大学院教育学研究科附属臨床教育実践研究センター特定助教。論文に「箱庭を語ることにおけるイメージ変容の体験――4つの体験型とその意味」（箱庭療法学研究，第26巻第1号，2013年），「心理臨床におけるイメージとそれを体験する主体との関係性について」（心理臨床学研究，第34巻第5号，2016年）など。

アカデミア叢書

箱庭療法と心の変容――イメージと関係性の視点から
はこにわりょうほう　こころ　へんよう　　　　　　　　かんけいせい　してん

2018年3月20日　第1版第1刷発行

著　者	千葉友里香
発行者	矢部敬一
発行所	株式会社 創元社 〈本　　社〉 〒541-0047　大阪市中央区淡路町4-3-6 TEL.06-6231-9010（代）　FAX.06-6233-3111（代） 〈東京支店〉 〒101-0051　東京都千代田区神田神保町1-2 田辺ビル TEL.03-6811-0662 http://www.sogensha.co.jp/
印刷所	株式会社 太洋社

©2018 Printed in Japan　ISBN978-4-422-11645-7 C3311
〈検印廃止〉
落丁・乱丁のときはお取り替えいたします。

JCOPY〈出版者著作権管理機構　委託出版物〉
本書の無断複写は著作権法上での例外を除き禁じられています。複写される場合は、そのつど事前に、出版者著作権管理機構（電話 03-3513-6969，FAX 03-3513-6979，e-mail: info@jcopy.or.jp）の許諾を得てください。